智 读 汇

连接更多书与书，书与人，人与人。

绩效的力量

周辰飞　江竹兵　施可杰　著

中华工商联合出版社

图书在版编目（CIP）数据

绩效的力量 / 周辰飞，江竹兵，施可杰著 . — 北
京：中华工商联合出版社，2020.12
ISBN 978-7-5158-2909-8

Ⅰ . ①绩… Ⅱ . ①周… ②江… ③施… Ⅲ . ①企业绩
效—企业管理—研究 Ⅳ . ① F272.5

中国版本图书馆 CIP 数据核字（2020）第 203368 号

绩效的力量

作　　者：周辰飞　江竹兵　施可杰
出 品 人：刘　刚
责任编辑：付德华　关山美
装帧设计：弘源文化设计部
责任审读：于建廷
责任印制：迈致红
出版发行：中华工商联合出版社有限责任公司
印　　刷：天津海德伟业印务有限公司
版　　次：2021 年 1 月第 1 版
印　　次：2024 年 1 月第 2 次印刷
开　　本：710mm×1000mm　1/16
字　　数：168 千字
印　　张：12.75
书　　号：ISBN 978-7-5158-2909-8
定　　价：59.00 元

服务热线：010-58301130-0（前台）
销售热线：010-58301132（发行部）
　　　　　010-58302977（网络部）
　　　　　010-58302837（馆配部）
　　　　　010-58302813（团购部）
地址邮编：北京市西城区西环广场 A 座
　　　　　19-20 层，100044
http://www.chgslcbs.cn
投稿热线：010-58302907（总编室）
投稿邮箱：1621239583@qq.com

推荐序一

懂得绩效的力量，实现经营的腾飞

当下，企业面临的经营环境变化的速度是以往十倍还要多，所有企业需要时刻保持组织的敏捷性，从战略、经营、管理，到执行打通一致性，既要保证战略灵活性、快速反应，还要打造组织能力，确保经营目标的执行落地成果，这对企业的经营管理者们提出了更大的挑战。

4N 绩效十几年来专注于为中国企业提供经营绩效的实效课程与咨询辅导，在数十万的企业的高管学员、上万家的企业实践中，建立绩效系统、激发员工潜能、提升企业利润，绩效的力量需要"上接战略、下接绩效"，其中的关键就在于"战略—经营—管理—执行"的一致性。

绩效是很多企业的痛点，在于以下几点。

第一，企业的经营绩效问题，经营环境的不确定性、竞争的日趋激烈甚至惨烈、成本上涨的压力，企业的盈利和持续增长是挑战。

第二，员工的工作绩效问题，企业竞争带来的人才竞争，如何激活老员工、吸引高绩效人才、释放员工的激情和才能是挑战。

第三，绩效系统的动态匹配问题，市场环境的巨变，需要企业以战略灵活性实现可持续增长，企业既要建立系统打造绩效母盘、确保各部门高效协同作战，同时又要保持组织敏捷性、持续升级和动态调整绩效系统，企业经营管理团队的系统思维、经营能力和管理机制的运营调整是挑战。

4N绩效的导师团队，既有世界500强等大型集团企业的高管经营实战经验、担任多个行业上市企业绩效顾问的经历，又有20年以上专注经营绩效的系统理论和工具方法的研究，更重要的是教学相长，4N绩效的实效方法论更源于大量企业在经营绩效增长方面的不断运用、落地中的实践提炼。这也是《绩效的力量》推出的价值所在！

所有的企业案例，均由企业根据自己的绩效增长落地经验和感悟进行总结，再由各项目的辅导导师周辰飞、江竹兵、施可杰三位绩效导师进行指导提炼，虽然没有学者的高深理论、专业作家的华丽文字，却非常"接地气"！

因为企业家和经营管理者们对于你们的痛苦，他们经历过；你们的困惑，他们也曾经历过，而最终他们结合企业的战略和发展思考，将绩效系统理念和工具方法在企业中应用，形成团队共识，并转化为执行的成果，将是企业经营管理者最值得借鉴的内容。

制造行业是相对劳动力密集型的企业，也是非常传统的"实体企业"，经营管理来不得虚假，对员工更不能空谈理念，必须实干，通过数十年的努力去经营好一个产业。企业从高层的战略选择、发展规划、经营策略，到中层的管理升级、协同作战，对利润和效率负责，更需要推动上百上千名员工每人、每天做好每件事，所以通过绩效系统去激发团队潜能，提升企业利润，获得可持续的增长，尤为重要。

本书优选了第一批制造型企业代表，他们的年营业规模从几亿元到几十亿元；有创立几年快速成长期的企业，也有成立20年以上进入企业传承阶段的成熟企业；也有与4N绩效合作6年，持续运用绩效系统，帮助企业实现几亿元、几十亿元，数次战略升级的行业领导型上市企业……不同于世界性知名企业的标杆案例，这些企业的绩效实践，更能代表大多数中国快速发展的中小民营企业管理需求。

每个案例，都有值得借鉴的重点价值。

中来股份，在三次战略升级中打造经营绩效母盘，确保新老管理团队正确解读公司战略、统一管理思想和语言，实现多元化板块的经营增长。

黑金刚，从一把手工程，到解放一把手，导入绩效需要一把手带头、全员参与，"统一思想、上下同欲"，然后通过"流程化、系统化、机制差异化"实现人才复制、系统自主运转，最终领导人成功交接班。

蒙都，聚焦核心价值链的绩效增长，从公司规划到一二线部门协作的价值链打通，到员工执行抓住关键重点、难点逐步深化，推动整体绩效的增长成果落地。

响箭，以绩效策略重塑人才管理，高绩效的组织成果，源自企业拥有高绩效的人才，企业需要以战略为核心，优化人才结构，制定绩效策略及设计员工的盈利模式，"让员工爱上绩效，主动创造高绩效"。

倍舒特，"标杆化"推动绩效学习落地到系统优化，对于绩效"心动"想要"行动"的企业经营管理者，从学习试点立标杆到利润增长立标杆，再到系统优化成为行业标杆，"标杆化"导入绩效系统的步骤值得大家借鉴。

特别感谢这些热心参与案例分享的企业和企业家们，他们的案例分享，不仅给中小企业实践经营绩效中的难点、痛点借鉴价值，案例中还有大量的制造型企业实操性、细节化的精彩亮点，例如"生产计划准交分析""车间加工标杆化流程制作"等可直接借鉴的展示。

而我们相信，这些拥有坚定的事业梦想和事业格局，带领团队共同发展的企业，他们以经营增长为导向、激活员工潜能、持续动态调整打造高绩效团队，让他们可以更敏捷地应对经营环境挑战，实现可持续的绩效增长。而我们期待，通过本书的分享，能带给更多企业经营绩效的实践启发，有助于更多中小企业思考"战略—经营—管理—执行"的一致性，实现绩效增长，成为中国乃至世界经济中活跃的力量。

行动教育 4N 绩效 CEO

绩效导师　周辰飞

2020 年 12 月

推荐序二

提升绩效是所有企业发展的硬道理

非常赞赏周辰飞、江竹兵、施可杰三位老师持续推出"绩效案例集"的规划。提升绩效是所有企业发展的硬道理，企业要解决增长之痛、人才之痛、机制之痛，不能寄希望于组织创新、模式创新等"捷径"来化解经营困境，无论哪个企业想要持续增长、成就一份长久的事业，都必须练好内力，从"战略—经营—管理—执行"打通绩效逻辑，让组织实现"力出一孔、利出一孔"，创造客户价值。

周辰飞、江竹兵、施可杰三位老师带领的 4N 绩效顾问团队，以"利润持续增长终身顾问"的事业初心，坚持实效、坚守客户的成果价值，在"绩效增长"领域里亲身研究、教学、咨询、实践，不断优化系统方法论，指导企业练好内力，实现可持续的良性经营增长，他们在绩效领域里的高度、深度、精度，令我十分钦佩，更是获得了众多企业家们的高度推崇。

制造业是中国经济发展贡献的主力，到 2019 年，中国制造业产值占全球制造业产值份额超过 35%。决定中国未来的实体制造业，如何转型升级，不仅从产品、技术、成本、效率等全方面升级，更重要的是"人"的升级。这个"人"，不仅仅是企业的员工，也是企业老板、高管、中层、基层，是企业里的每一个人！

让每个岗位都成为利润增长的发动机，提升绩效是所有企业发展的硬道理。

案例集里的标杆企业，通过持续运行绩效增长系统，中来股份五年时间营收规模增长 10 倍，成为全球光伏行业背膜持续领导者；倍舒特妇幼用品，年利润增长 249%、人效提升 40%，通过绩效实现战略升级、人才升级的打通，成为全球卫生用品领域领先的创新型高端制造企业……《绩效的力量》里有非常落地、成功的企业案例，蕴含了系统指导这些企业获得增长背后的绩效逻辑。期待它能够启发制造型企业在"上接战略、下接绩效"的一致性上有更多的思考与实践，探索出匹配自身企业持续发展的绩效增长之道，助力中国制造业的转型升级成功！

李践

2020 年 12 月于行动教育上海校园

目录 | CONTENTS

力量篇

实战篇

系统篇

力量篇

对于企业管理来说，绩效管理一直是众多企业绕不开的话题，也是企业管理的难点和痛点。

纵观国内外企业发展的历程，绩效管理随着企业的发展变化而不断演化，其核心也从最初的绩效考核逐渐转向绩效管理，再到绩效增长，这是企业对经营效益和利润增长追求的直接体现。

当前，随着中国经济迅猛、稳健的发展，中国企业的管理也亟待转型和升级。一部分先行的企业，如阿里巴巴、华为、腾讯等，无疑已经与世界接轨，走在了时代的前沿。但是，对于中国企业重要的组成部分——民营企业来说，在企业绩效管理的道路上，仍然还有一段漫长的探索和转型期。

因此，本篇从企业绩效管理的发展出发，主要重点围绕三块内容进行阐述：企业在绩效管理过程中所面临的经营挑战，企业需要掌握利润增长的三大根本，企业经营绩效面临的五大系统障碍。最后，结合4N绩效关于企业绩效管理的三个基本立足点，提纲挈领地点出在企业绩效系统导入和落地实施过程中的关键与核心。

第一章

绩效管理下的企业革新

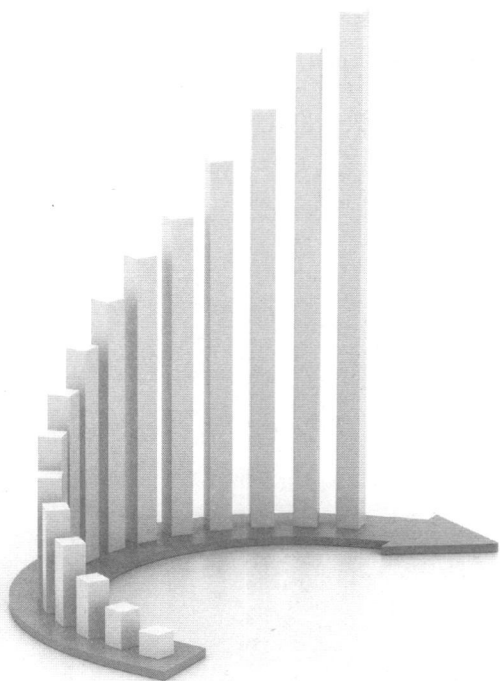

历史的传承与演变

　　绩效管理其实并不是一个新名词，它的历史十分悠久。在中国，绩效考核的历史可以追溯到三皇五帝时期。《尚书·尧典》中的"纳于大麓，暴风骤雨弗迷"，就是指尧将帝位禅让给舜之前，对其进行绩效考核。明朝张居正对官员实施的绩效考核制度，至今依然被很多人津津乐道。

　　而在西方，美国军方于1813年开始采用绩效考核，美国联邦政府则于1842年开始对政府公务员进行绩效考核。20世纪，日本的精细化管理闻名世界，出色的管理诞生了像丰田、索尼这样的一流组织，也让日本一跃成为经济强国（如图1–1所示）。

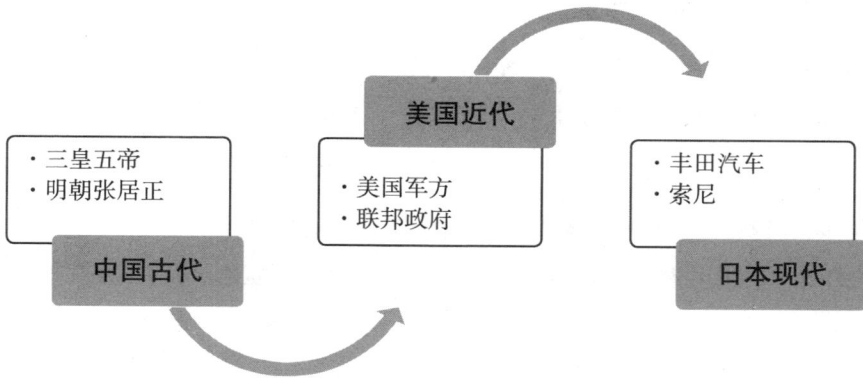

图 1-1　早期绩效管理的历史演变与典型代表

以上这些都是偏重于绩效考核。现代绩效管理的概念，是在 20 世纪 70 年代后期，由美国管理学家奥布里·丹尼尔斯提出的。自此之后，越来越多的人投入到了对"绩效管理"的研究和实践之中。绩效管理也超出了"考核"的范围，人们不再简单将绩效管理理解为企业单方面对员工的考核和约束，而是更多地将绩效管理视为组织和员工之间共同成长的一种管理方式。

管理大师彼得·德鲁克说，企业管理等于绩效管理。要准确地理解这句话，我们需要借助三个问题：

· 管理企业的目的是不是要让企业拿到经营的绩效？

· 管理部门的目的是不是让部门为企业创造价值？

· 管理员工的目的是不是要让员工为企业创造价值？

从这个层面上讲，员工管理说到底就是员工的绩效管理，部门管理说到

【4N 绩效：绩效的力量】

企业管理说到底就是企业的经营绩效管理。

底就是部门的绩效管理，而企业管理说到底就是企业的经营绩效管理。

杰克·韦尔奇认为，对企业经营者来说最有效的管理手段就是绩效管理。他在接手通用电气的时候，当时通用电气的状况很不乐观，机构庞大、官僚作风盛行、行动力低下，通用很多分公司不独立且经营处于亏损状态，需要总部"供血"。杰克·韦尔奇接手通用以后，他提出了一个"数一数二"的原则，意思是如果分公司无法在自己的领域里做到行业第一或者第二，就直接砍掉。正是这种对绩效的狂热追求，使得通用电气成为世界五百强企业之一，而杰克·韦尔奇本人也成为举世闻名的一流企业家。

西方和日本企业所取得的伟大成绩，在全世界掀起了"学习绩效管理"的巨浪。从 20 世纪 80 年代起，许多企业就已经将绩效管理提上日程，最典型的一个例子就是海尔。

创立于 1984 年的海尔，从只有 11 人、20 万元启动资金的小公司，到如今发展为年销售额近 200 亿美元、利润数十亿元的世界级企业，这一切都得益于其二十多年来坚持不懈地施行绩效管理。海尔集团建立了 OEC 直销管理模式，其"日清日结"的管理理念被很多企业所效仿，多年来一致维持着绩效的高速增长。

而今天，我们会发现那些国内发展最好的企业，恰好也都是绩效管理的典范。阿里巴巴、华为、腾讯等企业的绩效管理经验，被大量的国内企业推崇。从这些企业出来的员工，也都个个身价暴涨，这一切都源自它们出色的绩效管理机制。

提起华为，人们往往会想到什么？第一，这家企业很牛，很给中国长脸；第二，它的"狼性管理"。

华为的成功得益于绩效管理，但是世人往往对"狼性"有所误会，片面地将"狼性"理解为对员工的严格要求。但是我们看看这样一组数据：在华为，年收入 500 万元的超 1000 人，年薪百万元的更是超 10000 人。华为刚入职的员工，本科硕士生职级一般为 13 级，博士可达 15 级。入职 10 年，绩效中等以上，职级 16~17 级，年薪税前 50 万 ~100 万元。职级 18 级以上，绩效中等以上，年薪税前都超 100 万元。但与之相对应的是，华为明确规定，一定要实现人均毛利 100 万元的目标，员工必须拿到 28 万元的固定工资。

我们可以看出，华为的绩效管理是员工和企业的双赢，不是为了把员工管死，而是将员工激活，它将每一个员工的付出都折合成毛利，要求员工必须有贡献，反过来，只要员工有贡献，企业也一定会给予其满意的回报。

正是这套绩效管理机制，让华为在近年成为年利润最高的中国民营企业，甚至超过阿里和腾讯。在瞬息万变的互联网时代，很多传统行业被颠覆，整个制造业集体遭遇滑铁卢，只有华为一枝独秀，依然在持续增长。

如图 1-2 所示，回顾历史，我们可以看到，自企业诞生以来，人类财富的创造与积累就从未停止过。而企业的生产与经营，自企业诞生的那一刻起，就与绩效结下了不解的渊源。

绩效考核　　绩效管理　　绩效增长

图 1-2　绩效管理理念的发展与演变

　　尤其是绩效管理理念、模式的提出与发展，企业的绩效管理也处于"绩效考核—绩效管理—绩效增长"逐渐演变的过程中，不断推动企业向前跨越式的发展。从企业发展的宏观角度来看，绩效管理是任何企业都不能忽视的力量，而这股力量，也在历史的传承与演变中承担起越来越大的历史使命。

企业绩效的"革命"与发展

尽管企业经营中会涉及多重因素，企业在发展道路上会遇到很多瓶颈，其战略也会经历无数的调整。但企业能够持续盈利，基业长青，关键还是取决于管理水平。中国民营企业的倒闭，只有少数是完全由外部竞争环境导致的，而大部分企业倒闭的根本原因都是企业内部管理出现了问题。

然而，很多企业家将失败的原因归咎于市场环境变差，生意难做，但实际上，正是因为市场竞争越来越规范，才对内部管理提出了更高的要求。在新的竞争环境下，一些内部管理不善、跟不上市场反应的企业被淘汰，而一些内部管理水平较好的企业，却可以获得比以往更快速的发展和更大的成功。从一些数据中，我们能够发现，有绩效的公司与无绩效的公司相比，其利润的差距可以达到五倍甚至十倍以上。

无论是在学术界还是企业界，绩效管理都得到了普遍的推崇，针对绩效管理的学习和运用，几乎是每一个企业的刚需，如今的企业都有绩效管理的需求和意识。但是实际情况却是，真正绩效管理做得好的企业寥寥无几。而且我们也会发现一个很有趣的现象，那些绩效管理做得好的企业，往往也是业绩做得好的企业，例如：阿里、华为、万科等，他们在绩效管理方面的经验常常被其他企业作为案例来参考，但是能模仿得好的企业，也几乎没有。尤其对于民营企业来说，大企业的管理经验对于他们来说往往并不适用。

　　针对绩效管理，市面上也出现了很多不和谐的声音。曾经有一篇《绩效管理毁了索尼》的文章也在企业圈广泛传播，我们也见过不少企业做了绩效管理后，反而把"人管跑了，钱管没了"。为此，我们有必要对绩效管理的发展历程做一个简单的回顾（如表 1–1 所示）。

表 1–1　绩效管理发展历程的不同阶段及其特点

发展阶段	绩效管理核心	具体阐述	典型代表
第一阶段	绩效考核	绩效管理停留在绩效考核上，在这种绩效机制之下，员工完全没有话语权	索尼、丰田等老牌企业
第二阶段	绩效工具至上	主要围绕绩效管理工具的运用来展开绩效管理	KPI、BSC、OKR 等
现阶段	人性释放	随着越来越多的 90 后进入职场，并逐渐成为企业的中流砥柱，绩效管理以"人"为中心，围绕如何调动员工自主性和积极性开展	4N 绩效系统等

练习思考

1. 结合你以往的管理和企业经营，你对企业绩效管理的理解是：

_____

_____

2. 仔细回顾一下，你企业的绩效管理目前主要是以绩效考核、绩效管理为主，还是已经开始在运用绩效增长的思维和模式进行管理？

_____

_____

第二章

4Z 绩效，让企业绩效增长更简单

走出企业经营的两大挑战

企业的存在是要创造利润，不能产生利润的企业一定会死掉，所以企业的绩效管理应该以经营为导向，而不是以考核为导向。所有的管理都有成本，所以如果你的管理投入没有为经营增长带来价值产出，就要思考管理是不是做复杂了或者管理是不是无效的。

在以往的企业绩效管理咨询中，我们经常发现，对于绝大多数中国民营企业来说，经营者主要面临着两大挑战。

一、中国民营企业经营的第一个挑战——成本上涨，经营利润下降

对不少经营者来说，随着商业环境的变化企业的发展，如果要实现企业业绩利润的持续增长，压力越来越大，生意越来越难做！

为什么会这样，我们来看看企业利润是怎么来的。关于企业利润，我们可以用一个公式来表达：

企业利润 =10（销售收入）– 8（成本）= 2（利润）

其中，10 指的是销售收入，8 指的是成本，2 指的是利润。也有人会问，为什么用 10–8 不用 10–7 或者 10–6？很简单，根据当前的社会的各行业经营现状来看，绝大部分行业能够有 20% 的利润率就已经相当不错了。企业的利润要增长，只有两个办法：一是增加收入，二是降低成本。

然而，如今市场的大环境并不是很理想，企业之间的竞争越来越激烈，任何行业只要有利润都会有大量竞争者快速进来，所有行业蓝海期都越来越短。所以在这种情况下，增长面临很大的阻力。

关于成本这一块，我们可以发现，人工成本越来越高，物流成本也很大，除了个别行业原材料价格下降之外，绝大部分企业生产成本都在上涨。

销售下滑、成本无法掌控、利润一年不如一年，这是很多企业面临的第一个经营挑战。

二、中国民营企业经营的第二个挑战——茫、忙、盲

大家是否发现一个这样的现象：以前中国人见面打招呼喜欢问"吃了吗？"现在，这句招呼语逐渐变成了"最近在忙什么啊？"

人们有个普遍印象就是：当了老板，就没有自己的个人时间了，想要放松一下，简直成了一种奢望。而同样的现象，在美国盖洛普公司对全球 700 家企业进行的抽样调查中，我们也同样可以看到端倪。

在企业里，特别是民营企业里，中高管普遍都特别忙。

调查显示，在企业里忙碌的员工占到 30%。所以我们看到了，是所有人都忙吗？并不是，但这 30% 很忙的人，却主要是中高层管理者。而普通员工的工作饱和度则并没有那么大，如果仔细观察就会发现，大多数基层员工一天中的有效工作时间是有限的，基本上都不满 8 小时。那么，其他人在干什么呢？

调研中发现，有 65% 的人也可以用一个字形容，这个字是茫然的"茫"，指的是很多基层员工每天上班没有提前做好工作规划，只是因为上班通勤要

> **【4N 绩效：绩效的力量】**
>
> 对于中国民营企业来说，通过绩效增长让高层不再盲目、中层不再繁忙、基层不再茫然，这是走出绩效管理现状的重要途径。

打卡才来到公司，来了以后遇到什么事就处理什么事，碰到什么问题就去解决什么问题，很多人都是茫茫然被动应对工作，没有明确的目标。

与此同时，老板在做什么呢？很多老板都会说自己太忙了，原来以为聘请职业经理人管理就行，后来发现行不通，只能自己亲自出山、亲自挂帅，从早盯到晚，一天当作两天用，都还觉得忙不过来，最后陷在日常经营的琐事里，根本没有时间去思考经营战略层面的问题，没有时间去操心资本层面的问题，导致公司整体经营处在盲目状态中。

"高层盲目，中层繁忙，基层茫然"，这就是今天大多数中国民营企业的现状。可以简单用"盲、忙、茫"三个字来概括，这正是中国民营企业面临的第二个挑战。

经常有企业家抱怨："我们原来那个年代的人，很有责任心也很敬业，从早忙到晚加班从来没有怨言，现在的员工太难管了，一言不合就离职。"

我们今天所处的年代，是一个"人才争夺"的年代，很多企业不仅有人才难管的问题，还面临着人才难留的问题，老员工也没有了当初创业时候的激情和状态。所以很多老板只能亲自去管，亲自去盯，亲自守在一线。

这种现象跟绩效有没有关系？当然有关系。观察一下，我们会发现很多成功的企业，往往在管理上已经进入良性循环。那些业绩利润持续增长、一直打胜仗的公司，是不是员工非常有个性、非常有状态？这是因为企业的系统已经搭建好了，团队在有效运转，老板反而可以被解放出来，他可以去做老板应该做的事，即战略层面的事情，资本层面的事情，而不是陷在日常琐事中。

　　这就是我们所讲的绩效管理的目的，不是把员工管死，而是要把员工激活，是让企业真正实现绩效增长，激发员工状态，通过打造绩效系统，解放一把手，让他们投入到企业经营中最有价值的事情中去。

迈向利润增长的三大根本

企业的经营管理，最终都要体现在经营利润增长上，因此，企业的绩效管理，也应该是围绕利润来开展的。

但是，要围绕企业经营利润做管理，针对企业中"创收部门"和"花钱部门"，就要进行相应的控制和调整。其中，企业经营利润的来源，肯定不在"花钱部门"中，但"创收部门"和"花钱部门"却都在之前提到的企业利润公式"10-8=2"中。

然而，遗憾的是，在企业中，真正关心利润的人却永远只有一个——老板。但仔细思考，如果一个企业的各个部门都不关心企业经营利润，仅仅依靠老板一个人盯着利润，能够有用吗？答案是不言而喻的。

所以，对于企业来说，要做好绩效管理，就是要通过一套绩效系统来让所有的人都关注公司利润，关心企业目标，提升收入，控制成本，实现经营利润的增长。此外，企业还应当通过设立有效的绩效机制，将经营利润的一部分分享给员工，进而带来企业和员工的双赢。这一过程中，核心就在于企业绩效管理的三大根本（如图 2-1 所示）。

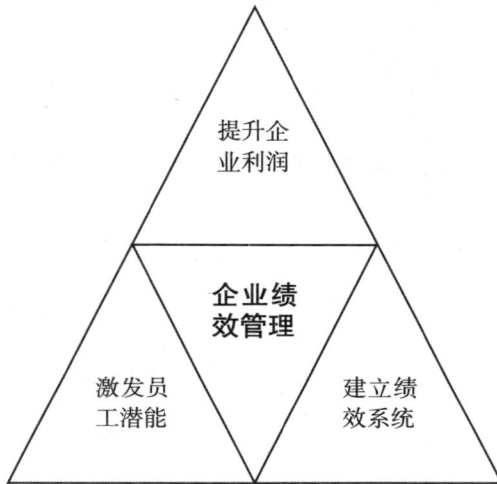

图 2-1　企业绩效管理的三大根本

　　如果用更为简单明了的话来描述，也就是建立系统、激发潜能、提升利润。不难发现，在企业绩效管理的中，如果企业绩效系统落地实施仅仅停留在绩效考核层面，往往是无效的。只有真正围绕绩效管理的三大根本去推行，才会通过绩效增长实现企业和员工双赢的结果。

跨越企业经营绩效的五大障碍

企业经营利润的增长，需要企业将绩效管理视作一个系统工程，更需要企业经营者和管理者在绩效学习的过程中，通过系统思维的运用，培养正确的绩效思维和意识。更需要在企业绩效管理落地实践中，通过绩效项目的导入，在企业内部建立起一套能够成功落地运转的绩效管理系统。在这一过程中，通常会面临五大障碍（如图 2-2 所示）。

障碍一：目标模糊

想要检验企业是否存在目标模糊的障碍，其操作的方法很简单，只需要问两个问题：

- 我们公司是否所有员工都清楚知道企业发展目标？
- 我们公司的员工是否清楚知道他最该做什么来支撑公司目标达成？

对于企业来说，员工的一切活动，都是为实现企业的目标服务的。那么，员工对企业目标、对帮助企业实现目标应该做什么的了解，就尤为重要。然而，结合以往的企业管理咨询服务来看，我们发现，在很多企业里，员工并不知道。

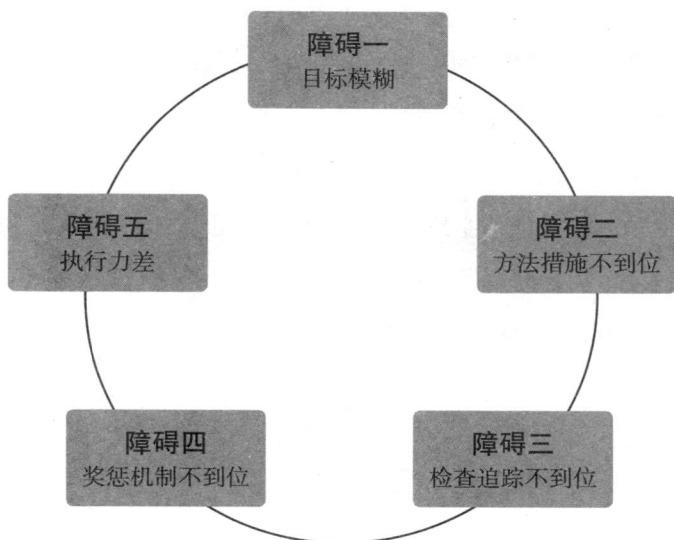

图 2-2　企业实现经营绩效的五大障碍

同样，如果面对上述两个问题，我们的答案是否定的，那么，我们的企业一定存在目标模糊的障碍。因为员工不知道公司目标，大家就不能做到心往一处想，团队不知道该做什么来支撑公司目标达成，就很难拧成一股绳，甚至会出现互相指责、推诿、内耗严重等现象。

障碍二：方法措施不到位

除了目标模糊这一障碍之外，在以往绩效项目辅导和学习中，也经常会有企业经营者问我们："老师，我们目标还是挺清楚的，年度目标的制定，从每年 9 月份就开始启动了，可能会花三个多月时间把目标全部定下来。"

我们也很欣慰，有很大一部分企业对目标制定还是很重视的，尤其是销售型企业，通常会从年度目标到月目标、周目标甚至每天的目标都设置和分解都做得很到位。但如果仔细观察，我们又会发现，不少企业在定目标的过程中又会遇到第二个问题——目标定高还是定低？

如图 2-3 所示，很多企业都会面临这样一个矛盾：老板觉得目标定低了，员工觉得定高了。随之而来的，便是双方之间为最终的目标争论和讨价还价，甚至有时还会出现漫长的拉锯战。然而，在争论和讨价还价的背后，现实又是怎样的呢？

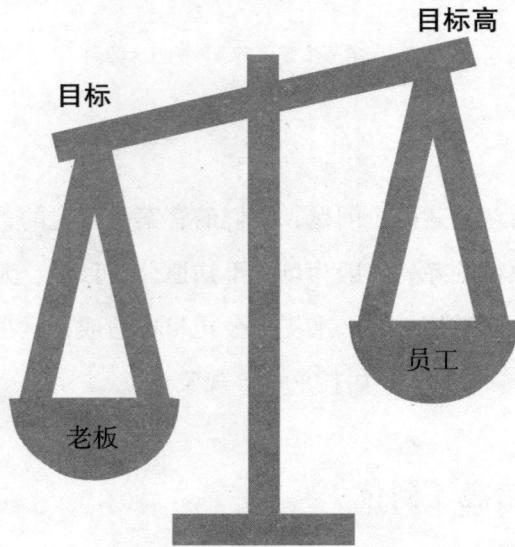

图 2-3　企业目标制定过程中员工与老板之间的矛盾

对于企业经营者而言，看到的是员工没有敬业精神，害怕多做工作；而对于员工而言，看到的却是虽然老板的想法没错，但那是理想化的状态，现实中却有很多问题，比如竞争对手、员工离职、市场环境等因素。

其实，不管是老板还是员工，在目标高还是低的问题上，其根源其实不在目标上，而是在方法措施上。因为很多企业在达成目标的措施和方法上严重缺位，最终导致员工不敢挑战高目标，这该如何理解呢？

对此，我们用一个简单的比喻，就能十分形象地说明。如果将达成目标比作上楼，那么，定目标就相当于确定我们要去几楼，而措施和方法就是楼梯。

试想一下，如果我们将目标定为"上二楼"，但我们在一楼和二楼之间却找不到楼梯的时候，那么，不管我们怎么努力，"上二楼"这个目标都遥不可及。但如果找到了楼梯，我们不仅能"上二楼"，即使是去到顶楼也不成问题。

道理虽然浅显易懂，但在我们以往到企业去做经营绩效咨询辅导的过程中，却经常发现恰恰就是"方法措施"这一板块，是企业最容易缺失的——很多企业仅仅只是把目标定出来，下达给员工，然后就开始进行考核，却忽略了带领团队真正讨论出绩效增长的策略。

所以，对于企业来说，我们并不是简单地确定目标，考核员工，而是要带着他们找到上楼的梯子。只有带领员工找到上楼梯的方法，员工才会对目标有信心。

障碍三：检查追踪不到位

在企业绩效管理的流程中，对绩效的检查追踪说起来很简单，但真正在执行的过程中，最终的结果却千差万别，对于其中最容易出现的问题，下面的故事就是最好的例子。

一家中国民营100强企业，一年的营收规模100多亿元。在辅导其绩效项目的过程中，公司销售老大曾拿了一沓300多张纸的报告，并告诉我们："老师，我们公司每年9月份到12月份，会花近三个多月的时间，要求每个业务板块都把明年的详细规划拿出来。"

当时看完之后，我们的第一感觉是，这是做绩效咨询辅导以来看到的写得最详尽的一份报告。但我们立刻问了他们一个问题："过往两年，公司的目标达成情况如何？"

果然不出我们预料，他表示没达标。我们接着问："报告写这么详细，为什么两年不达标？"对方的回答是执行力不行。

其实，同样的情况还有很多——年初规划做十件事，到年底检查的时候发现还有五件没做，这是大多数企业都存在的现象。不要说到年底，很多企业在做半年度总结的时候，对照一下年初规划的事情，都会发现不少计划早就丢到了脑后，更有甚者，有些企业连半年度工作总结也没有，到年底11月、12月再去对照目标，此时，就算目标差了一大截，也无力回天，这就是没有做好跟进检查的后果。

但是，试想一下，如果我们每个月对照一次目标，或者每周对照一次，再或是每天对照一次，结果又会怎样呢？不用往下说，我们都能猜到结果。由此可见，执行力的好坏，关键在于检查的力度。

> **【4N绩效：绩效的力量】**
>
> 要想跨越企业经营绩效的五大障碍，对于企业经营者和管理者来说，其关键在绩效系统导入的过程中，始终要带着系统的思维去看待和解决问题。

障碍四：奖惩机制不到位

企业奖惩机制设置到位与否，与员工是否能顺利达成目标也紧密相关。例如，如果企业对员工是否做了、做得好还是坏，没有设定相应明确的奖惩措施，对于员工来说，既没有动力，也没有压力，做好做坏一个样。长此以往，原本工作表现优异的员工积极性会受挫，而原本工作表现较差的员工也很难主动纠正和改善。

值得注意的是，这里的奖惩，不仅仅是简单的奖罚机制。尽管不少企业也有奖惩措施，但这些奖惩措施要么好几年没有变化，要么跟实际目标完全不配套，相应地，其作用也会大打折扣。例如，如果员工实现业绩翻一番，相应的奖励为奖金 2000 元，其激励的力度是远远不够的。

企业的奖惩机制，应该与企业的年度目标调整保持一致，要让员工对实现当年的目标有动力、有压力，才能充分调动其意愿，企业的目标策略才能落地转化为绩效成果。所以，企业的绩效奖励机制，绝不仅是做一次方案就一劳永逸，要根据目标的变化进行调整。

障碍五：执行力差

还有一些企业，不管是企业战略还是经营策略都没有问题，但不少经营者和管理者都将其问题归结于团队的执行力不行。

其实，执行力不行只是一个表面现象，其背后的根源在于上述四大障碍，即目标模糊、措施缺位、检查追踪不到位和奖惩机制不到位，以及由其导致的企业绩效系统逻辑没有打通，绩效系统不能有效运转。

对此，其重点在于通过绩效系统的导入，将所有管理环节打通，形成合力，推动绩效体系顺利运转，这是提高执行力的关键，也是我们在辅导企业的过程中，会以目标、措施方法、检查追踪、奖惩激励为核心，帮助企业建立绩效体系，并推动整个绩效体系在企业落地运转的根本所在。

4N 绩效，转变企业绩效增长

4N 绩效是国内首家以快乐绩效为理念、为企业提供实效绩效系统解决方案的专业机构。

4N 绩效隶属国内最大管理培训机构——行动教育，由著名企业实效管理导师、知名企业家、行动教育集团李践老师担任董事长，由国内第一个提出"快乐绩效"理论体系的著名绩效专家江竹兵老师担任首席导师。

4N 绩效作为中国绩效管理实效领导品牌打造，在品牌上是企业利润持续增长的终身顾问，在核心价值上是让每个岗位成为利润的发动机，秉持着精进、实效、快乐、共赢的原则，帮助企业实现利润增长和团队绩效共赢。

截至目前，4N 绩效的团队方案班课程——绩效增长模式已经开课超 280 期，辅导过的企业更是已经超过 6000 家，涉及近 100 个行业，辅导过的员工已经超过 100000 名。以往所服务过的企业，其绩效都获得了不低于 30% 的增长，部分企业增长幅度更是高达 300%。我们认为，这与 4N 绩效的三个基本立足点是分不开的。

一、跳出考核做管理

过去的绩效管理是考核式的，员工是被动接受的，人性是被压抑的，所以无论怎样的考核方式，员工总是会潜意识抵制，这也是过去二十多年里，大多数企业绩效管理失败的根本原因。

人都是渴望自由、平等、被尊重的，只有尊重人性，激活人性，员工的潜能才能得到释放，绩效管理才能真正落地。

二、以经营增长为导向

管理都是为经营服务的。企业里再多的制度，无非是为了绩效的增长，为了利润的增长。然而，一旦这些制度失去人心，必将与经营脱离，为了管理而管理，不仅会增加管理的成本，最后的结果还很容易偏离经营导向，最后把人管跑了，企业管死了。因此，绩效管理一定要经营导向，回归管理的本质。

三、打造高绩效团队

所有的业绩都是人创造出来的，人是企业最大的资产，也是企业最大的成本。因此，员工是负产出还是正产出，将直接关系到公司的利润。培养人才并复制人才，打造高绩效团队，提高人员的平均产出，是绩效管理的核心点。

基于这三大出发点，我们所辅导的企业，几乎100%都获得了绩效的大幅增长，其中就生产制造行而言，我们在本书后续的内容中将以中来股份、蒙都、黑金刚、响箭以及倍舒特等五个企业为案例，就其4N绩效系统导入及项目落地实施进行阐述和分析，以此为广大仍然处在绩效管理探索和转型的国内外企业提供参考和帮助。

❓ 练习思考

1. 结合本章第一小节内容中所阐述的企业经营的两大挑战，思考一下，在你的企业经营中的挑战和机遇分别有哪些？

_____

_____

2. 建立系统、激发潜能、提升利润是企业迈向利润增长的三大根本，结合你企业目前的经营情况，分析一下，你的企业在哪些方面做得较好，哪些方面还需要完善和优化？

_____

_____

3. 从清晰的目标制定，方法措施到位、检查追踪到位、到奖惩机制到位，再到执行力提升是企业跨越经营绩效五大系统障碍的有效策略，思考一下，你的企业在这五个方面目前做了什么，接下来需要如何加强？

_____

_____

4. 结合 4N 绩效的跳出考核做管理、以经营增长为导向、打造高绩效团队三个基本立足点，如果你的企业要导入 4N 绩效系统，你会重点关注哪个方面？

_____

_____

实战篇

随着中国成为世界制造大国，对于生产制造型企业来说，企业的发展与管理也面临着升级和转型，但与此同时，机遇与挑战并存。

对于企业来说，劳动力成本的上升和商业环境的复杂多变，迫使企业在不断拓展外部业务，迎接新机遇的同时，也更加关注企业内部的员工效能、管理效能和组织效能。而作为企业管理中重要的组成部分，绩效管理无疑是与之联系最为紧密的板块。

在本篇中，我们将以中来股份、黑金刚、蒙都、响箭、倍舒特五个制造型企业为例，从每一个案例中提取出相应的核心要点，紧密围绕企业绩效系统导入到落地实施的过程，对案例进行层层剖析。

为什么选择制造型企业作为案例？因为制造型企业是企业实体经济里最核心的部分，在我们的项目当中，其所占比重约50%~60%。

本篇精选了这五个制造型企业作为案例，主要从几个层面展开分析，首先是基于战略的升级，到一把手带领团队搭建整个团队的经验绩效体系，再到销售端、生产端、品质端等部门的价值增长，然后到人才的持续发展，最后通过案例分析它的学习路径，告诉我们可以借用标杆化去抓学习的标杆化、落地的标杆化以及系统的标杆化，为广大企业提供借鉴和参考。

第三章

中来：三次战略升级中的经营绩效母盘

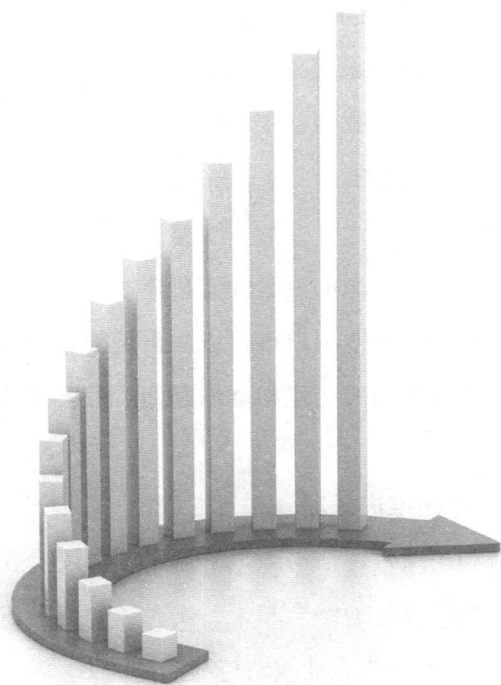

中来案例要点导读

　　企业绩效母盘的搭建和推行，与企业的战略发展密不可分。而要让企业战略落地实施，如何有效地利用绩效系统工具来解密企业的战略落地路径，也是企业经营者和管理者需要认真思考的问题。

　　在中来的绩效项目案例中，我们将重点阐述以下几个要点。

**　　一、以战略为起点，构建落地路径，设定清晰目标**

　　企业战略的实现和目标的达成一样，需要设定清晰的步骤和流程，也就是相应的战略路径。在中来绩效项目推行中，我们就很好地将绩效管理与企业战略制定融合起来，并形成阶段性战略路径图。

**　　二、搭建绩效母盘，让战略落地**

　　再好的制度，要真正推行下去，也需要相应的配套和支持体系，才能将制度转化成内在的管理效能和激励，在中来绩效项目推行中，正是很好地运用了这一点，通过搭建绩效母盘，为绩效体系的构建和落地起到了积极推动和支持作用。

**　　三、通过评估激励，激活员工，持续推进战略**

　　中来的绩效项目推行中，有效地利用绩效评估与激励，运用"会议＋表格＋沟通"模式，让绩效管理与员工激励良好地结合起来，实时、到位，不断提升员工的积极性，提升企业效能，很好地为企业战略持续推进助力。

以战略为核心，构建落地行径

中来股份，即苏州中来光伏新材股份有限公司（以下简称中来），成立于 2008 年，是以光伏背板作为主营业务的上市公司，也是一家励志成为绿色能源深耕者的国家级高新技术企业。中来以领先技术为核心，以创新人才为驱动，聚焦太阳能光伏领域，辅材、光电与应用三大事业部形成互动、互补态势，共同构建中来光伏产业生态链。

中来从 2015 年开始与 4N 绩效合作，导入经营绩效系统，并且持续将 4N 绩效作为企业发展的常年顾问。从最初在主营业务板块——光伏辅材"背板"开始，中来根据企业战略推行 4N 绩效系统，明确战略落地路径，推动企业成为全球光伏背板行业市场占有率第一领导者。随后，中来搭建企业经营绩效母盘，并逐渐运用到其他业务板块，持续推动了企业绩效管理的发展与提升。

在 4N 绩效导入之前，中来仅开展了基础的员工绩效考核工作，每个考核周期结束之前，由人力资源部门牵头，组织开展员工绩效考核。当时在绩效管理的过程中，主要面临以下几个阻力，绩效管理因而无法驱动公司目标的达成（如图 3-1 所示）。

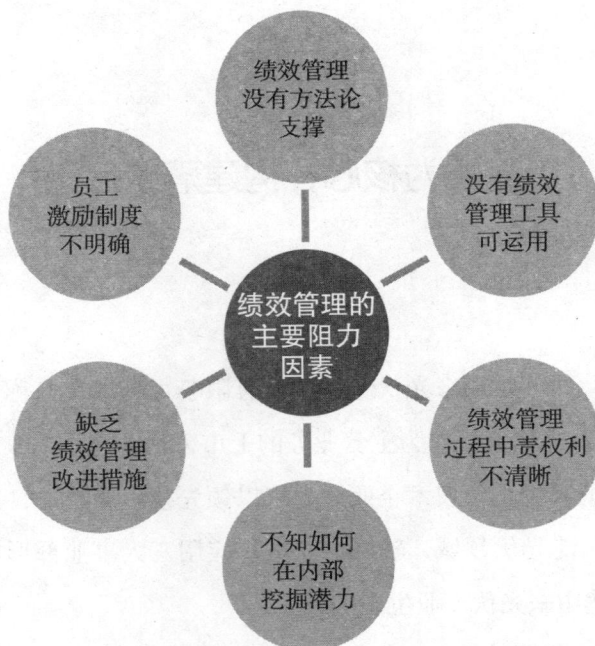

图 3-1　中来在 4N 绩效导入之前绩效管理的主要阻力因素

第一阶段，光伏行业氟碳背板领导者。

正是由于上述原因，中来导入了 4N 绩效项目，从 2015 年到 2019 年，中来在企业经营战略上先后进行了三次调整与升级（如图 3-2 所示）。

2015 年，中来开始导入 4N 绩效系统，在项目导师的辅导下，公司围绕战略目标"光伏行业氟碳背板领导者"，将公司主营业务聚焦于光伏背膜材料领域的细分品类，通过销售、技术、市场及生产品质各部门目标聚焦，协同打造"氟碳背板 FFC"核心产品竞争力，成功实现市场推广，取得各类行业性标杆客户的认同并达成合作。

图 3-2 中来绩效项目实施过程中的三次企业战略调整与升级

第二阶段，全球光伏行业背膜持续领导者。

随着中来 4N 绩效系统的成功导入和实施，经过 2015-2016 年度的持续发展与市场增长，中来将战略调整为"全球光伏行业背膜持续领导者"，并于 2017 年成功实现全球背膜材料领域第一的行业地位。

第三阶段，全球高可靠、高增益光伏先进材料提供商。

继第二阶段战略目标顺利达成之后，2019 年，中来与 4N 绩效导师共同研讨，计划再次升级战略，致力于打造价值领先的"全球高可靠、高增益光伏先进材料提供商"。

通过搭建并推行经营绩效母盘，4N 绩效系统在中来内部深入推广和运用，如今，中来处于持续不断地前进和发展阶段。

中来和不少成功导入绩效系统的企业一样，最初都是从 4N 绩效系统 3.0 版本导入，再到 4N 绩效系统 4.0 版本的导入。其中，所有的中高管都坚持在新老板块运用这一绩效母盘，老板块在这一过程中也持续不断为新板块输入高管与核心骨干。这样，新板块的运营就能快速形成以"利润为导向"的良性循环。

值得不少企业学习的是，在绩效项目推行中，中来每一次的战略调整都十分清晰。从项目一开始，中来就确定了清晰的流程，在整个项目过程中严格依循 4N 绩效系统导入和实施的流程和步骤。其绩效项目实施过程具体可分为四个步骤（如图 3-3 所示）。

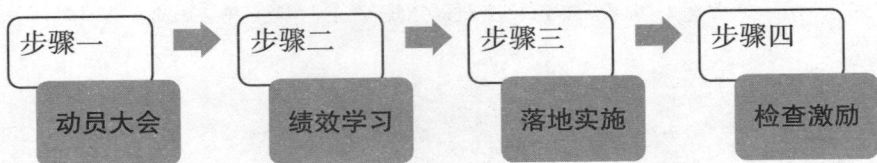

步骤一	步骤二	步骤三	步骤四
动员大会	绩效学习	落地实施	检查激励

图 3-3　中来绩效项目实施流程图

落地企业战略，搭建绩效母盘

在中来绩效项目实施的过程中，经过绩效项目动员大会之后，公司全体员工对绩效管理的理解和认知都达到了前所未有的统一。而随着绩效思维和意识的统一，中来的绩效项目推行也开始进入到落地实施阶段。

将企业战略落地，首先需要我们正确解读战略。

正确解读企业战略

企业的发展战略，是企业开展绩效管理的方向和指导。结合不少中国企业经营和发展的实际情况来说，企业的经营发展战略，多数时候都是由企业经营者制定和决策的，尤其是对民营企业来说，更是如此。这就对企业的管理层和员工提出了挑战。

作为企业战略的推动者和执行者，管理层在负责将企业战略正确理解并充分传达下去的同时，还要辅以相应的制度、体系、措施、方法、工具等多种形式，精准传达企业战略并持续推动执行、评估与改进。

在此过程中，作为企业战略的执行者，员工一方面要充分理解并准确把握管理层所传达的企业战略与核心理念，另一方面还要确保自己能够真正将战略转化为实际的行动，落地措施。

　　中来集团的最高人力资源负责人宋总，在加入中来之后，快速理解 4N 绩效系统，在迅速实现整个公司高管配置的同时，还引进了非常多优秀高管，真正地从人力的维度推动中来获得持续的增长成果。那么她是如何理解公司战略，招聘人才的呢？在加入中来后，她主要做了以下几个动作。

　　首先，跟董事长进行沟通，深入理解公司的发展战略，以及未来 3~5 年的发展规划。她说："我要理解他们对公司的期望是什么？要求是什么？"接着，宋总又去跟公司各个部门的主管交流，了解他们对于业务的理解。此外，宋总还通过 4N 绩效基于战略制定年度经营管理规划，形成部门目标计划的推演，了解中来的战略。"这样可以帮助我理解公司的业务，知道老板要什么样的人，部门要什么样的人，部门负责人要什么样的人，我们的业务需要什么样的人。"

　　除了深入了解公司的战略和各方面对人才的需求之外，她还深入招聘现场去研究如何才能招聘到合适的人才。"岗位说明书只是一个简单的任职资格标准，仅仅依靠岗位说明书是招不到人的，所以我采用的方法是跟老板一起面试，跟部门负责人一起面试。在面试的过程中，我再理解他们对人才的要求是什么。"

　　在她看来，很多时候，对于人才的要求没办法书面化。"口语化人才的要求和转化成人力资源的招聘需求其实是不一样的，我们需要有这样的能力，把人力资源部门的要求转化成外部人才理解的、我们公司理解的标准，然后再来搜寻人才。"

宋总通过经营绩效的系统推演来为公司战略解码，真正了解中来对于人才的需求，即知道老板需要什么样的人，部门需要什么样的人，部门负责人需要什么样的人，公司业务需要什么样的人。这也是其在加入中来之后，能够快速实现公司高管配置并引进大批人才的重要原因。

人力资源对于公司战略的支撑起着决定性的作用，而"人"则是将战略转化为具体的行动、真正落地实施的关键所在。

搭建母盘，输送人才

随着绩效项目在主营业务板块的推入，中来开始在新业务板块发展多元化经营。然而面对中高管异动较频繁的情况，如何统一新老管理团队的管理思想和语言，保持绩效系统连贯性，也成为中来绩效项目过程中的一个关键点。

面对这一棘手的问题，中来与4N绩效达成共识：对于新老业务板块，都按照绩效母盘，统一开展和推进管理系统和模式；同时，老业务板块不断为新业务板块培养和输出人才，与新进人才快速融合，推动不同业务板块的发展规划快速落地。

在光伏背板业务板块，中来的联席总经理程总，2015年加入中来时，只是一个设备工程师。他非常认真地学习、研究、应用公司所教的每一个管理方法，包括4N绩效等在公司落地的管理工具。随着业务能力和管理能力的提升，2016年他被晋升为设备部经理。

2016年底，当时中来的生产管理比较紊乱，于是他临危受命，被晋升为整个生产制造的总监，分管设备、生产、物控、品质等部门，管理整个制造系统，而在这当中，4N绩效所提供的经营管理系统思维和数据分析抓重点的工具帮助他快速提升了经营能力。

例如，公司阶段性出现了生产交货与销售需求之间的矛盾，销

售部门、计划部门与生产部门之间互相指责，内耗严重。程总带领
生产团队运用 4N 绩效的鱼骨图方法进行系统分析后，快速找到了
"一招制敌"的核心对策，解决了生产交货矛盾。类似这样的矛盾，
在制造型企业中非常常见，我们来看一下程总是如何运用 4N 绩效
系统方法的（如图 3-4 至 3-8 所示）。

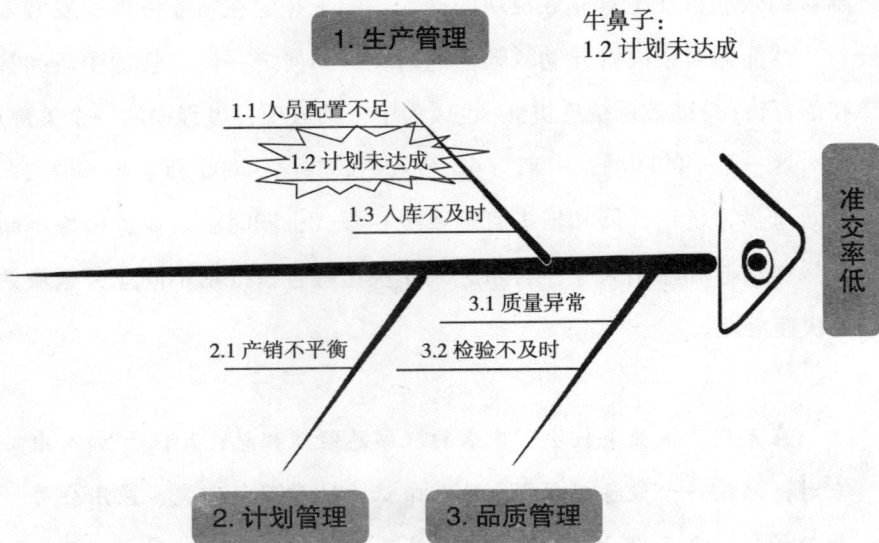

图 3-4　鱼骨图（原因）— 准交率

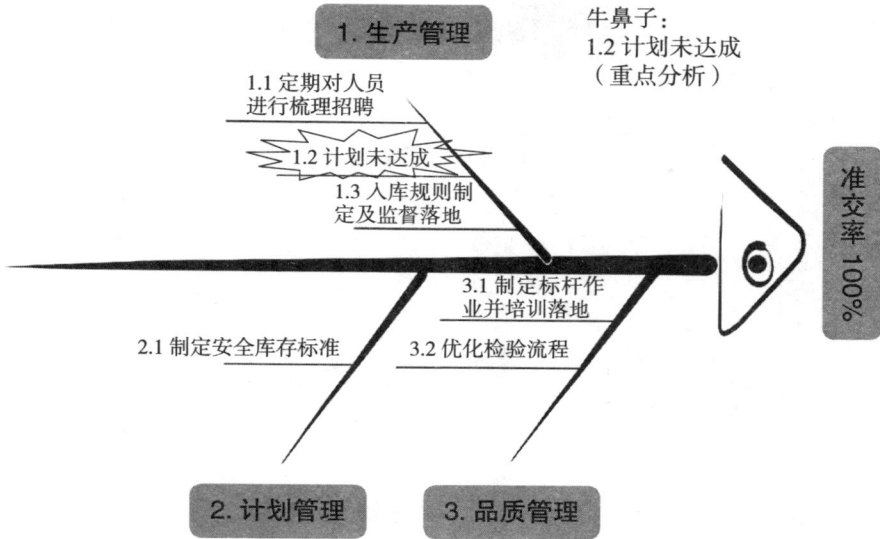

图 3-5 鱼骨图（措施）— 准交率

牛鼻子：
1.2.2.1 设备故障

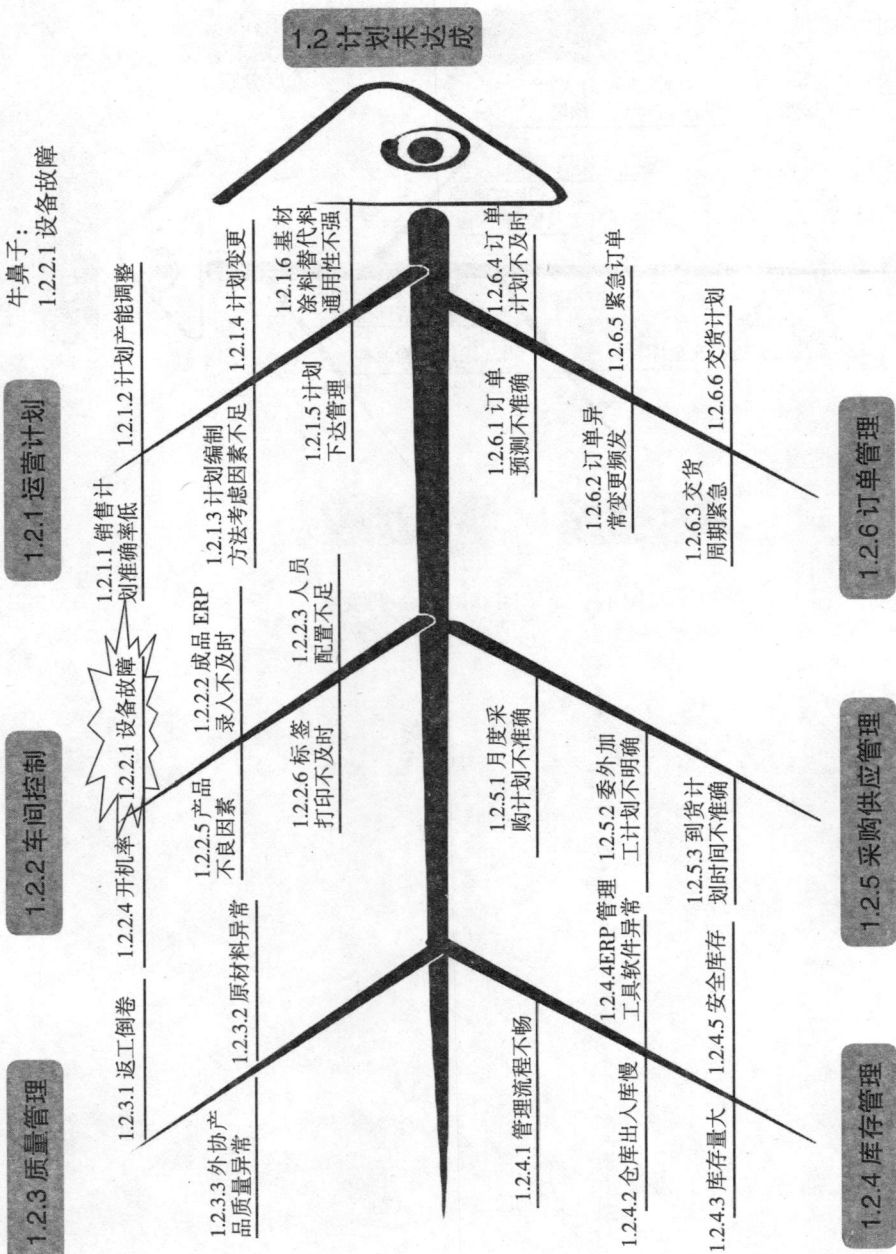

图 3-6 鱼骨图（原因）-1.2 计划未达成

1.2 计划未达成

1.2.1 运营计划
- 1.2.1.1 销售计划准确率低
- 1.2.1.2 计划产能调整
- 1.2.1.3 计划编制方法考虑因素不足
- 1.2.1.4 计划变更
- 1.2.1.5 计划下达管理
- 1.2.1.6 基材涂料替代料通用性不强

1.2.2 车间控制
- 1.2.2.1 设备故障
- 1.2.2.2 成品ERP录入不及时
- 1.2.2.3 人员配置不足
- 1.2.2.4 开机率/开工率
- 1.2.2.5 产品不良因素
- 1.2.2.6 标签打印不及时

1.2.3 质量管理
- 1.2.3.1 返工倒卷
- 1.2.3.2 原材料异常
- 1.2.3.3 外协产品质量异常

1.2.4 库存管理
- 1.2.4.1 管理流程不畅
- 1.2.4.2 仓库出入库慢
- 1.2.4.3 库存量大
- 1.2.4.4 ERP管理工具软件异常
- 1.2.4.5 安全库存

1.2.5 采购供应管理
- 1.2.5.1 月度采购计划不准确
- 1.2.5.2 委外加工计划不明确
- 1.2.5.3 到货计划时间不准确

1.2.6 订单管理
- 1.2.6.1 订单预测不准确
- 1.2.6.2 订单异常变更频发
- 1.2.6.3 交货周期紧急
- 1.2.6.4 订单计划不及时
- 1.2.6.5 紧急订单
- 1.2.6.6 交货计划

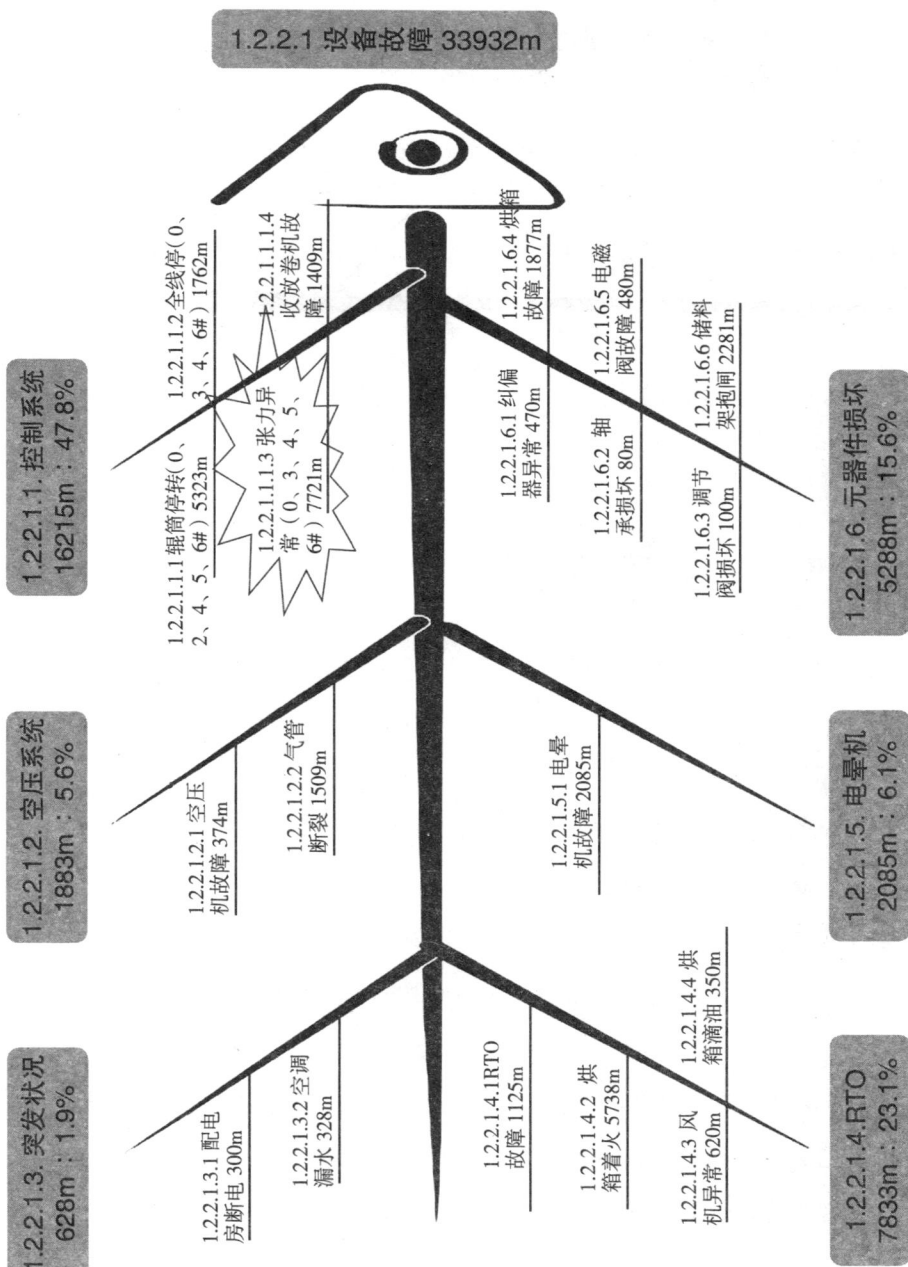

1.2.2.1 设备故障 33932m

1.2.2.1.1. 控制系统 16215m：47.8%

1.2.2.1.1.1 辊筒停转（0、2、4、5、6#）5323m

1.2.2.1.1.2 全线停（0、3、4、6#）1762m

1.2.2.1.1.3 张力异常（0、3、4、5、6#）7721m

1.2.2.1.1.4 收放卷机故障 1409m

1.2.2.1.2. 空压系统 1883m：5.6%

1.2.2.1.2.1 空压机故障 374m

1.2.2.1.2.2 气管断裂 1509m

1.2.2.1.3. 突发状况 628m：1.9%

1.2.2.1.3.1 配电房断电 300m

1.2.2.1.3.2 空调漏水 328m

1.2.2.1.4.RTO 7833m：23.1%

1.2.2.1.4.1RTO 故障 1125m

1.2.2.1.4.2 烘箱着火 5738m

1.2.2.1.4.3 风机异常 620m

1.2.2.1.4.4 烘箱滴油 350m

1.2.2.1.5. 电晕机 2085m：6.1%

1.2.2.1.5.1 电晕机故障 2085m

1.2.2.1.6. 元器件损坏 5288m：15.6%

1.2.2.1.6.1 纠偏器异常 470m

1.2.2.1.6.2 轴承损坏 80m

1.2.2.1.6.3 调节阀损坏 100m

1.2.2.1.6.4 烘箱故障 1877m

1.2.2.1.6.5 电磁阀故障 480m

1.2.2.1.6.6 储料架抱闸 2281m

图 3-7　鱼骨图（原因）-1.2.2.1 设备故障（牛鼻子）

/45

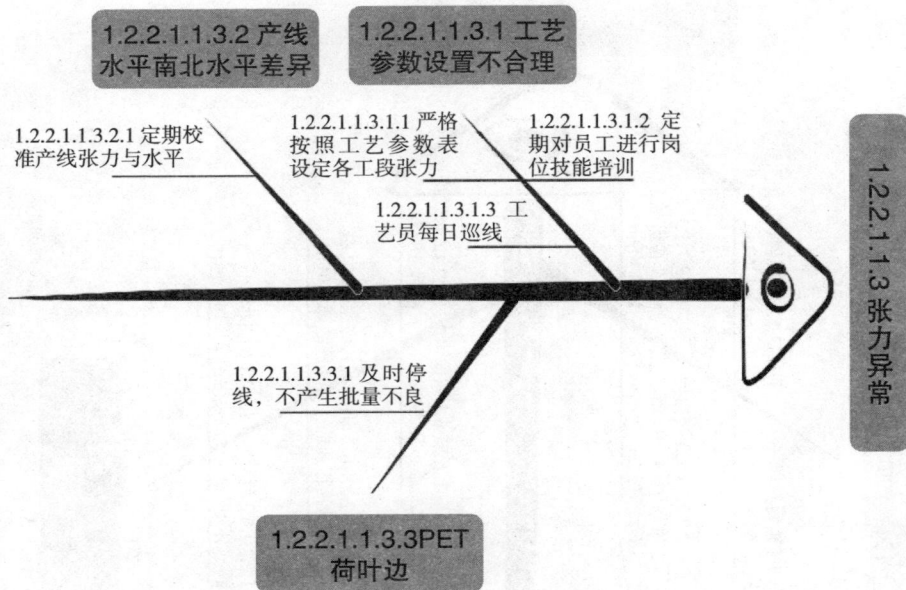

图 3-8　鱼骨图（对策）-2.1.1.3 张力异常

　　如图 3-4 所示着重分析准交率低的原因，主要是受三大因素的影响，分别是生产管理、计划管理和品质管理。其中，计划管理包括人员配置不足、计划未达成和入库不及时。

　　根据如图 3-4 所示的原因分析，如图 3-5 所示用鱼骨图的形式，一一对应地给出了使准交率达到 100% 的措施。那么，牛鼻子问题"1.2 计划未完成"要如何解决呢？如图 3-7 所示对此进行重点分析，"计划未完成"的核心问题在于"1.2.2.1 的设备故障"。如图 3-8 所示分析的是导致设备故障的核心原因，主要在于"1.2.2.1.1.3 张力异常"。

　　经过层层系统分析，抓住关键问题所在，一一梳理出对策，最后通过解决"张力异常"实现"一招制敌"：第一，通过执行工艺参数标准、进行员工培训和工艺员每天巡线，解决工艺参数设置问题；第二，定期校准产线张力与水平，解决产线水平南北差异问题；第三，通过及时停线，不产生批量不良，解决设备异常导致的荷叶边问题。

这就是 4N 绩效所强调的中高管必须具备的经营管理系统思维和数据分析抓重点的能力。如此成长，让程总随着中来快速发展的需要，在 3 年内从工程师——经理——生产制造总监——联席总经理，实现了跃升式晋职。

中来通过绩效母盘将设备工程师培养成板块老总，板块老总在板块内培养人才，并在公司需要时将其输送到其他新板块，成为新的高管。这其实是因为通过绩效母盘的学习，这些人才具备了经营的系统思维和管理的工具方法，这就使得企业整体能够保持同频，使各个板块都在战略升级中可以做竞争增长，保持绩效的连续性。

落地三大核心阶段

在中来绩效项目落地实施的过程中，经营者每年都会带着高管一起做年度的绩效目标兵棋推演、半年度的绩效目标核实修订、每月的绩效追踪，再辅以绩效管理机制的匹配。主要可以划分为三个核心阶段（如图 3-9 所示）。

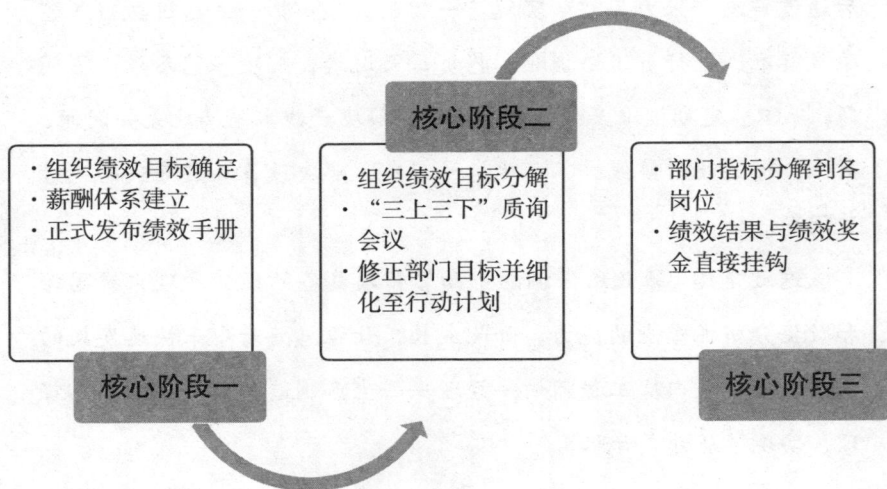

图 3-9　中来绩效项目落地实施的三大核心阶段

第一个核心阶段。

从 2015 年 7 月开始，进一步在 4N 绩效导师的辅导下，先是对整个企业的组织的绩效目标进行确定，然后则是相应的薪酬和激励体系搭建，最后，随着绩效手册的正式发布，中来的绩效项目的全面推行也拉开序幕。

企业经营者和管理者应该注意的是，在这一阶段中，针对每一步的措施，都应该结合企业的实际经营现状和当前的绩效管理现状有所侧重和突出（如图 3-10 所示）。

以中来为例，由于在导入 4N 绩效系统之前，曾与中来合作过的咨询机构同样也采用了画战略地图等方法，但因为其方法相对复杂，导致管理团队难以找出创新策略、协同计划，更无法具备相应能力来实现战略意图。

1. 组织绩效目标确定：以企业战略为核心

2. 薪酬、激励体系搭建：奖惩分明，精神、物质全面兼顾

3. 绩效手册：绩效管理要素、流程清晰，可操作性强

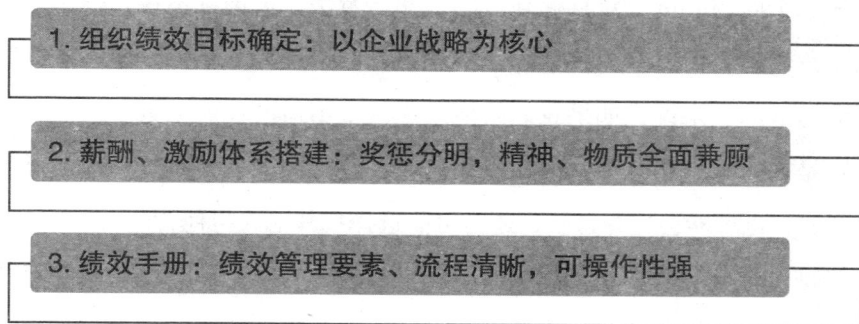

图 3-10　中来绩效项目落地实施第一阶段关键示意图

导入 4N 绩效系统之后，中来结合其实效工具，基于企业战略目标，在确定组织的绩效目标时，梳理年度经营目标，同时辅以支撑经营及匹配发展的管理目标，更通过目标逻辑表从经营目标、客户业务目标、运营支持目标，到人力匹配目标，理清了团队协同的目标体系，真正让团队拧成一股绳。

在这一阶段，不少企业经常会遇到两种问题：一、员工是否知道自己应该通过哪些工作的开展，才能支撑公司目标达成；二、目标到底是定高了还是定低了。

在第一个问题上，通常表现为：一方面，员工因为不知道企业的目标，很难心往一处想；另一方面，由于团队成员不知道可以采取哪些措施来支撑公司目标达成，甚至经常会出现互相指责、推诿，导致内耗严重。

对此，在组织绩效目标确定的过程中，就需要我们以企业战略目标为指导和方向，通过管理层将战略准确无误地层层传达下去，让员工不仅知道企业的目标是什么，更知道为什么要设定这样的目标；同时，还要知道，要实现企业的战略目标，自己需要承担怎样的工作绩效目标。

第二个问题，员工对目标高低的认知与看法，关键并不在目标本身，而是在于我们是否为员工提供帮助他实现目标的措施和方法。试想一下，对一个不会游泳的人来说，如果我们给他设定一个不借助任何工具过河的目标，那无疑是在对他宣布死刑，但如果我们允许他借助其他工具过河，他可能会选择划船，也可能会选择过桥，还有可能选择找其他人将他背过去。

但是，企业经营者和管理者需要反思的是，当我们和员工共同制定目标的时候，是否提供了相应的措施、指导和方法，或者说，我们提供的措施、指导和方法对员工来说，是否真的适合。

尽管不少企业在都会关注这一块，但真正做到位的却很少。更多的时候，企业只是把目标定出来下达给员工，然后进行绩效考核，但却忽略了与团队一起真正讨论实现绩效增长的具体策略。

第二个核心阶段。

这个阶段主要是通过自上而下的目标分解，将组织绩效目标分解到各业务和职能部门。同时，通过"三上三下"的质询会议，不断修正各部门目标，确保组织内部各部门目标的合理性与有效性。最后，各部门再根据修正后的部门目标，制定相应的部门业务计划，并将计划进一步细化成具体的行动计划（如图3-11所示）。

经过这一阶段的层层分解、修正和细化，当员工面对个人工作绩效目标时，不管在责权利上，还是在达成目标的措施和方法上，都能十分清晰和透彻。

但是，对于不少企业来说，在这个阶段，需要注意合理运用制定目标的方法和工具。例如：在组织绩效目标分解阶段，要确保目标最终达成和实现，关键在于在目标分解的同时，不断修正目标，确保目标制定在合理的范围之内，同时还要根据既定的目标形成具体的业务计划和行动方法。因此，在这一过程中，对"三上三下"质询会议、鱼骨图、时间圆饼图以及流程图的运用十分关键。

组织绩效目标

↓

部门目标

↓

"三上三下"质询会议

↓

修正后的部门目标

↓

部门业务计划

↓

部门业务计划行动方案

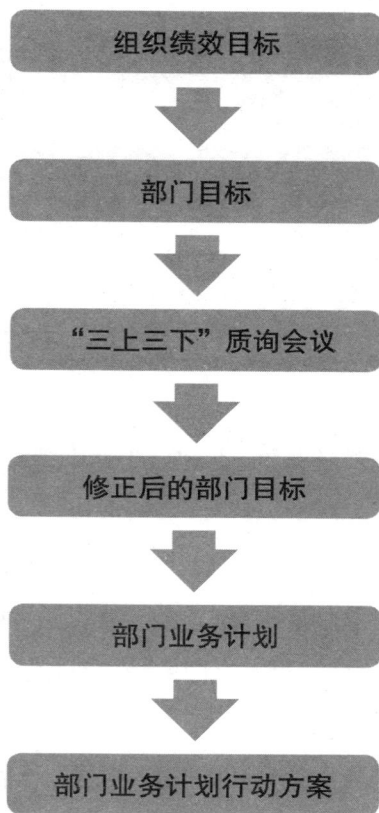

图 3-11 中来绩效项目组织绩效目标自上而下分解流程图

第三个核心阶段。

在这个阶段，对于企业经营者和管理者来说，主要是通过绩效管理，指导各部门将部门指标逐级分解至各岗位，确保绩效指标与人岗之间的对应和匹配，同时，还要确保绩效结果与当月、当年度的绩效奖金直接挂钩并及时兑现（如图 3-12 所示）。

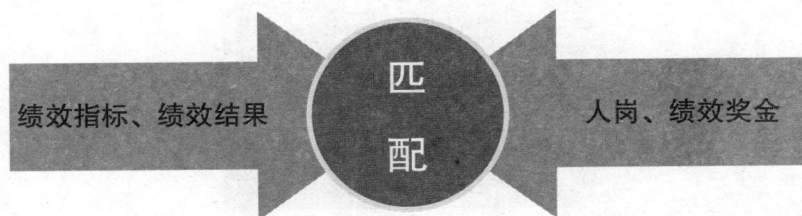

图 3-12 中来绩效项目过程中绩效指标、结果与人岗、奖金匹配

随着中来 4N 绩效母盘逐渐深入推行，绩效管理落地实施相应配套体系也在不断完善，一方面，企业内部各部门之间的协作更加融合；另一方面，企业对外部客户的合作服务质量也不断提升，合作关系也得到改善。

以中来与外部客户对接服务为例，由于公司基于组织战略进行的自上而下的目标分解，各部门之间、员工之间的绩效目标责权利都十分清楚，为各部门之间协同作战奠定了良好的基础。在客户维度上，技术部与市场部主动配合销售共同走进客户，与目标客户深度交流沟通，进而对客户进行精准分析、精准营销，准确把握客户业务趋势、产品结构、核心需求。

同时也对主要竞品、客户内部份额、优劣势分析，制定出主推产品、性能重点需求的技术保证、价格及商务等精准营销策略，成功开发各个领域的行业性标杆客户。更为重要的是，在这一过程中，物控部门、生产部门、品质部门、设备部门等都协同保证订单交付及品质稳定，最终推动中来成功实现了光伏行业背膜第一的领导地位。

> **【4N 绩效：绩效的力量】**
>
> 4N 绩效系统的目标管理体系，就是通过清晰明确的目标让企业的团队拧成一股绳。

在评估激励中持续推进战略

企业绩效管理的推行和实施，除了前期绩效思维的转变、绩效方法论和工具的学习以及绩效管理措施的落地实施之外，还需要对绩效成果进行有效的检查和评估，对员工不同的绩效达成情况进行相应的激励。

同时，对绩效实施过程中有待改善的问题，还要制定出合理有效的措施和方案，帮助员工持续改进和提升，形成正向的良性循环。

评估绩效的两个阶段

在检查、评估绩效成果和建设激励体系时，我们不但需要正确认识其本质，更需要抓住重点和核心。

如表 3-1 所示，在企业绩效管理的绩效检查评估与激励中，检查、评估重在对绩效实施的成果以及达成成果的过程进行评估与改进，而激励则重在通过激活员工，提升组织的效能以及员工在绩效管理中的参与感和积极性。

同样，中来在推行绩效项目的过程中，要严格按照检查评估与激励这两个阶段来进行，针对不同阶段的不同问题，我们应加以区分解决，并形成对应的解决方案。

表 3-1　企业绩效管理中检查评估与激励的核心与本质

检查评估	激励
本质：绩效行动计划落地执行的保障。	本质：激活员工，促进员工实现自我激励。
核心：检查针对措施方法，重在过程；评估针对目标达成与实现结果，重在结果；灵活运用绩效会议＋表格＋沟通。	核心：物质激励与精神激励并举，电网机制辅助。

第一，检查评估阶段。

在这一阶段，基于 4N 绩效体系中"会议＋表格＋沟通"的绩效管理检查评估要点，结合中来的实际经营和发展情况，我们以部门为单位，将重点锁定为月度绩效会议。而在具体的实施上，则从横向和纵向两个维度开展和实施（如表 3-2 所示）。

表 3-2　中来绩效项目部门绩效检查评估实施的两个维度

对象	措施	
	横向维度	纵向维度
部门月度绩效	通过每月绩效会议，业务沟通与协调，针对存在的问题提出改善意见，形成会议纪要和决议事项。	—
员工月度绩效	—	在部门绩效基础上，对员工实施月度绩效管控，形成完成的 PDCA 循环，建立逐级支撑的 KPI 管理系统。

这一阶段中，评估检查的执行是否到位，关系到整个企业绩效管理的执

行。因而，企业经营者和管理者一定要加倍重视对绩效检查评估执行的力度。而在绩效会议、表格和沟通的执行力度上，我们需要在避免常见误区的同时，还关注以下几个要点（如表3-3所示）。

表3-3　企业绩效项目评估检查执行力度不同维度的核心点

项目	绩效会议	绩效表格	绩效沟通
常见误区	1.因为缺乏执行力度，企业经营者不关心组织绩效目标达成情况，而成为"扯皮现场"； 2.因为缺乏执行力度、清晰的流程，导致绩效会议议而不决、决而不行、行而未果。		
提升执行力度核心点	1.企业经营者和管理层带头，全员关注组织绩效目标达成情况，坚定恒心，提升执行力度； 2.每次会议必须形成决议，明确责任人、实施时间以及成果标准，检查人、检查力度和标准，并形成绩效检查评估综合报告； 3.每日、每周、每月盯数据、盯目标进度，会议抓策略、抓执行。	表格清晰明确，不同维度的绩效目标达成表格都准确到位，包括年目标、季度目标、月目标、周目标、日目标完成情况，以及过程中的问题和员工执行表现。	帮助团队理解绩效调整策略和打法，促进绩效改善。

第二，激励与持续改进阶段。

在企业绩效管理的激励体系建设和持续的绩效改进上，企业经营者和管理者需要明确的是，对于激励体系的建设，不管我们在激励措施和方法的形式上如何多变、创新，都应该始终围绕如何激活员工这一核心，而对于持续的绩效改进，则需要我们通过绩效管理不断优化企业的管理体系，持续提升企业的运营效率和机制。

如图3-13所示，在激励体系建设上，围绕激活员工，企业可以从四个方面入手。

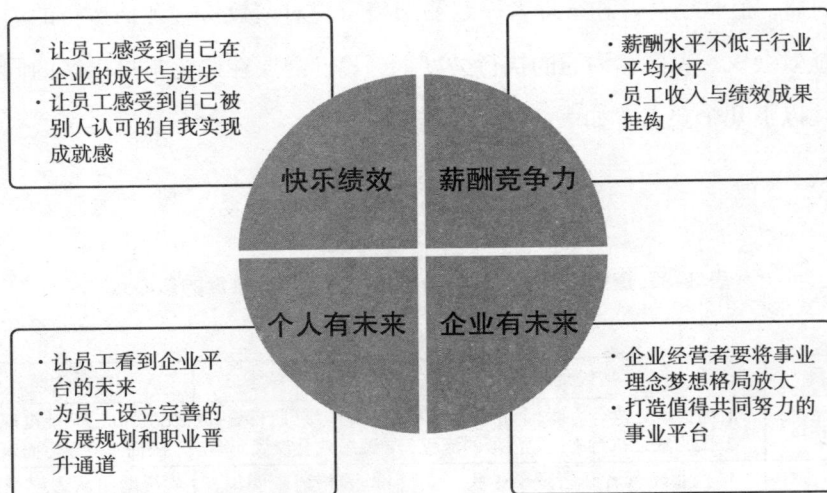

图 3-13　企业绩效管理中员工激活的四大关键

第一，薪酬要有竞争力。一方面，企业的薪酬竞争力体现在企业的薪酬水平与同行业的对比上；另一方面，则体现在员工收入与其绩效成果的匹配上。

第二，企业有未来。要实现这一点，企业经营者需要不断在事业理念基础上放大梦想格局，而且更要为大家打造一个值得共同努力的事业平台。

第三，个人有未来。企业有未来固然重要，但更要充分利用"企业有未来"去激励员工，为他们制定良好的发展规划和完善的职业发展和晋升通道。

第四，实行快乐绩效。要做到这一点，既要避免将绩效管理等同于单纯的绩效考核，同时又要让员工看到自己在企业中的成长和进步，还要让员工感受到自己被别人认可的自我实现成就感。

"组合拳"法激励员工

员工需求次序各不相同，企业激励手段也是千差万别。企业激励必须因时、因地、因企、因人，"组合拳"激励员工势在必行。共有三类"组合拳"打法，分别为：激励目的多样化组合；激励人员多样化组合；激励手段多样化组合。其中，激励人员多样化组合指的是，根据人员组成结构进行激励。比如：60后、70后占绝大多数，与80后、90后占多数，两家公司激励思路和政策是不一样的。即使同样是80、90后，但价值观也有天壤之别。

经过长期的研究与实践，企业要打好员工激励"组合拳"，通常有以下四类组合。

一、物质＋精神组合激励

在物质方面，如司马迁所言："天下熙熙，皆为利来；天下攘攘，皆为利往！"从吃饱穿暖、丰衣足食，到功名利禄，物质的富足是芸芸众生最切身的诉求。

在精神层面，人不同于动物的根本特征就在于人有精神层面的追求，"我是谁？我从哪里来？我要到哪里去？"，这些人生哲学的思考，昭示的是我们内心世界的精神诉求。如同国学大师南怀瑾所言："三千年读史，不外功名利禄；九万里悟道，终归诗酒田园！"

二、短期＋长期激励组合

从空间维度，激励组合分为物质和精神；从时间维度，激励组合分为短期和长期。

短期可以是一年半载，也可以是一月一周；长期可以是三年五载，也可以是十年八年。职位高低不同，激励长短期组合也不相同。对基层员工，是利益共同体打造；对中层员工，是事业共同体打造；对高层员工，是命运共同体打造。

三、票子＋位子＋面子组合

从激励手段看，企业使用更多的是"三子"，即"票子、位子、面子"。票子，即员工在企业里如何赚钱，具体可分为：基本工资、绩效奖金、股权激励等内容。位子，即员工在企业里如何发展，具体可分为：纵向发展—晋级晋升，横向发展—调岗换岗等内容。面子，即员工在企业获得赞誉或负向激励，具体可分为：正向激励—荣誉，负向激励—电网等内容。

四、正向激励＋负向激励组合

关于奖罚的运用，实际是四种情况：有奖无罚假管理；只罚不奖恶管理；无奖无罚没管理；有奖有罚真管理。而今天大量企业，只敢奖不敢罚，托词是人一罚就走了。实际并不是这样，做得好的企业，能够奖出荣誉感，也能够罚出责任心。

用绩效母盘激活员工

在中来的绩效项目推行过程中，其实有太多这样的点点滴滴。4N 绩效系统运行了两年多下来，公司的管理系统逐步搭建起来，运营效果也明显提升，员工积极性和参与度逐年提升，对公司的认可度也大大提高。

其中，在员工激活上，通过 4N 绩效系统在企业管理机制上的聚焦，很好地引导关键岗位人员关注公司的重点目标、核心策略。以销售团队为例，其在经营策略上，重点抓目标大客户开发和核心产品 FFC 氟碳背板销售，为此，我们也设进行了相应的机制设置。

如表 3-4 所示，在销售团队上，通过相应类似的激励机制设置，不仅成功实现年度目标客户开发完成率达到 150%，而且 FFC 核心产品也超额完成销售任务，支持企业实现利润目标；在生产团队上，也大大激励了整个车间员工对产品质量的关注，使整个生产团队共同关注核心产品的品质稳定，为获得客户满意进行了最好的生产保障。

表 3-4　中来绩效项目中销售团队的部分激励体制

激励类型 / 项目 / 机制	具体措施
客户开发奖	对目标客户根据产能规模进行了客户分级（例如 S\A\B\C\D 等级别），开发不同等级新客户设置从 1500~30000 元不等的开发奖金，激励销售团队加大目标客户、特别是大客户开发。
FFC 核心产品销售提成区分	核心产品销售提成是一般产品提成系数的 2 倍，同时目标新客户开发按照订单出货量，FFC 核心产品的开发奖金是一般产品开发奖金的 2 倍。
岗位工资 + 产质量绩效奖金 +FFC 核心产品膜厚达标奖	产质量绩效奖金按产量 × 单卷损耗绩效系数（0.8~2），单卷损耗控制越好奖励系数越高，针对核心产品 FFC 膜厚达标（在合理区间）设置单项奖励。

而在持续改进上，令人印象深刻的无疑是新老业务板块的融合与持续改进。由于在中来绩效项目辅导的过程中，随着绩效母盘在主营业务板块的成功实施，公司管理层一致支持将其也运用到新业务板块上。但在实际的实施中，对整个企业和绩效项目组成员来说，都面临一个主要问题，即在企业快速发展阶段，企业在内部核心骨干员工与管理人员的异动或者新增的同时，如何不断整合新进人才。

在此期间，老板块一直沿用绩效系统，为企业带来了稳定的增长与发展，快速推动其成为全球第一。但在新板块刚开始运作时，公司一度花高薪从世界 500 强、知名机构聘请顶尖人才，一方面，由于他们对这套绩效体系的不接受和运用生疏；另一方面，由于公司过分信赖于这些从外部引进的精英。

因此在整个磨合和实践的过程中，曾经因为决策失误而错过市场机会，为企业带来很大的经济损失。

但随着绩效母盘的推行，新老业务板块在绩效管理思维、步调上逐渐统一，人才之间也实现了相互融合与协调，最终顺利将主营业务板块的成功经验复制到新业务板块，实现了企业经营的持续增长和经营利润的持续提升。

中来绩效项目成果及成功关键

中来绩效项目成果分析

在中来绩效项目的评估和成果分析上，我们主要关注四个方面的收获与心得、成长与发展。从员工到高管，到企业经营者，时刻关注从绩效项目实施中令人印象深刻的成长故事到管理层管理效率与团队效率的提升，再到企业经营者对企业绩效管理的期望与认知的提升，同时，更关注在绩效项目实施过程中，通过绩效成果为企业利润增长带来的新发展和新机遇（如图 3-14 所示）。

其中，我们重点关注要素一和要素二，即企业经营者对绩效项目成果的期望、肯定和认知，以及绩效项目成果带给企业的利润增长及由此而来的新发展、新机遇，而要素三和要素四则更多地体现在要素二上，具体来说。

一、企业经营者对绩效项目成果的期望、肯定和认知

在中来 4N 绩效系统导入之前，针对企业经营者对中来绩效项目导入原因的阐述和分析，我们进行了进一步梳理和提炼，并提前就企业经营者对整个绩效项目导入和实施确定预期希望和目标。

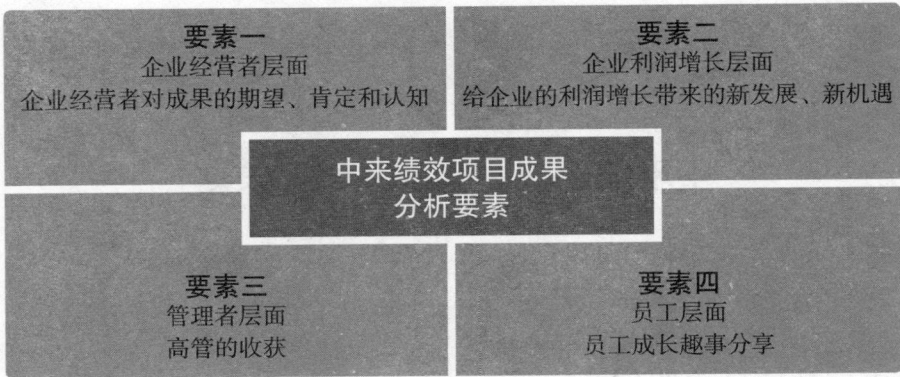

图 3-14　中来绩效项目成果分析要素

　　如图 3-15 所示，从中我们可以看到，企业经营者对绩效项目实施和成果是有明确预期的。企业经营者希望通过绩效管理的变革，将公司的目标逐级清晰地分解到位，让各级管理有据可依，有章可循，进而避免清晰的战略到了基层无法落地的情况发生。同时，让每一位员工了解公司的发展，与公司同进退。

图 3-15　企业经营者对中来绩效项目成果预期

　　正是因为对这一预期进行了提前了解和沟通，在整个绩效项目实施中，合作双方都始终将这一理念贯彻到所有行动中。因此，随着 4N 绩效体系在中来内部的导入和推进，通过前期动员大会，企业经营者与公司管理层、核心骨干员工，一步步将组织的战略转变成规划，再将规划细化成计划，最后将计划落地至行动。通过一系列的措施执行和实施，决策层欣喜地看到公司全体员工发生了两个巨大的转变（如图 3-16 所示）。

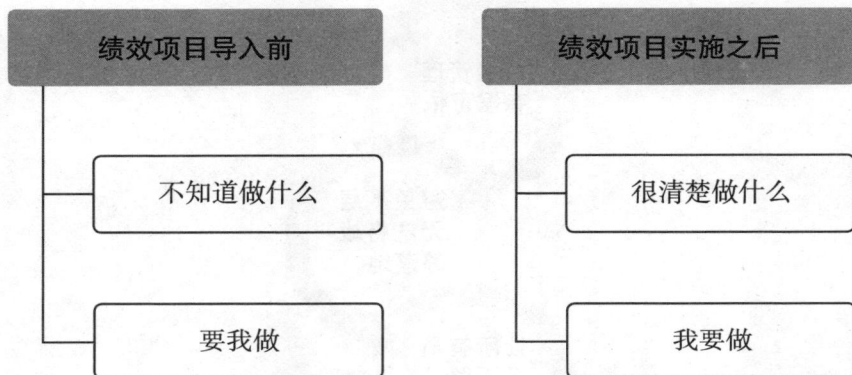

图 3-16　中来绩效项目实施后为公司员工带来的两大转变

　　员工之所以实现这两大转变，其中离不开绩效项目导入前期对绩效管理的理念的深入探讨、沟通和认知，更离不开绩效项目实施过程中对绩效管理工具与方法的有效运用。

　　二、绩效项目成果带给企业的利润增长及由此而来的新发展、新机遇

　　以中来为例，在中来绩效项目导入之前，公司经历了多年的业务"粗放式"发展，已经到了寻求管理规范，寻求变革与效率的时代。

　　因此，在其绩效项目推行实施的过程中，中来的业务保持了快速、稳定的发展。截至 2016 年底，公司的主营业务光伏背板产品，在行业内已经做到了全球销量与市场占有率第一，内部管理也获得了长足的进步。

　　如图 3-17 所示，目前，中来已经实现集团化发展，而随着主营业务板块在 4N 绩效的管理模式助力下做大做强，在企业战略升级的同时，公司经营者和管理层也一致决定，将 4N 绩效管理模式进一步推广至新的业务模块和事业部。

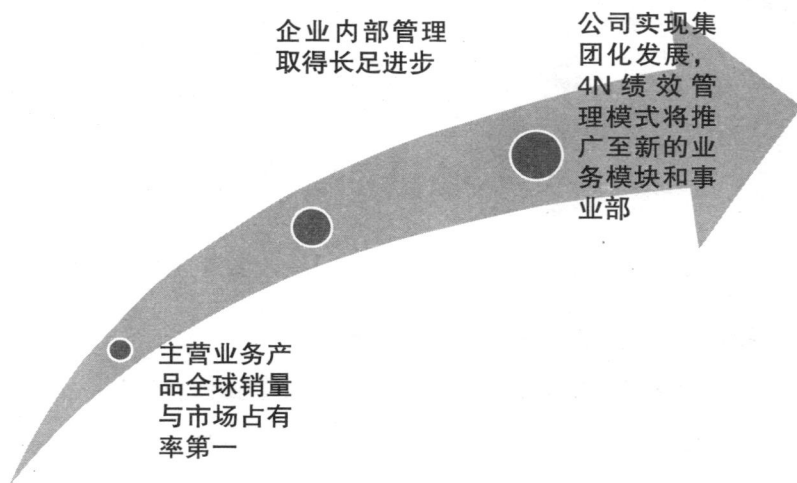

企业内部管理
取得长足进步

公司实现集
团化发展，
4N 绩 效 管
理模式将推
广至新的业
务模块和事
业部

主营业务产
品全球销量
与市场占有
率第一

图 3-17　中来绩效项目实施后为公司带来的新发展和机遇

中来绩效项目成功关键

从中来众多板块推进绩效系统来看，在搭建并导入 4N 绩效母盘的过程中，其成功的关键点主要有两个（如图 3-18 所示）。

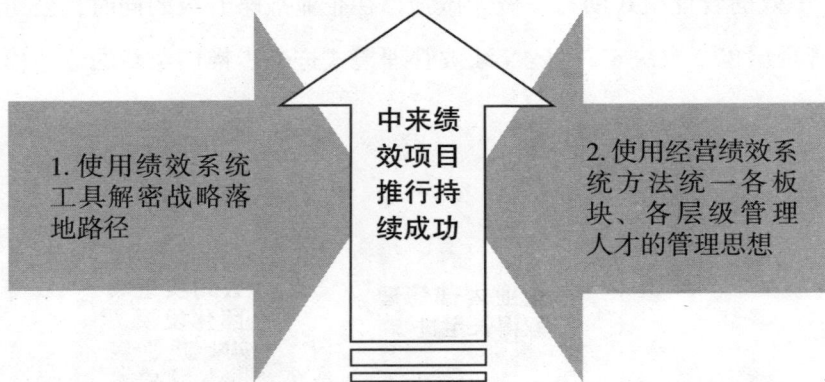

图 3-18　中来绩效项目成功关键点

一、使用绩效母盘工具解密战略落地路径

董事长的战略目标很清晰，但是如何让中高管理解公司战略、并明确各部门的核心目标、策略计划来实现经营增长和战略落地是难点。之前合作过咨询机构画战略地图等，方法相对复杂、管理团队难以找出创新策略、协同计划、具备相应能力来实现战略意图。

通过 4N 绩效的实效工具，每年基于战略目标梳理年度经营目标 + 支撑经营及匹配发展的管理目标，更通过目标逻辑表从经营目标、到客户业务目标、到运营支持目标、到人力匹配目标，理清了团队协同的目标体系，让团队真正实现了"拧成一股绳"。

同时，通过兵棋推演，找出达成目标的核心障碍——形成足以支撑挑战性目标的核心对策、创新对策，最终形成责任到人、按时间节点管控到位的执行计划。在这一过程中，经营者的战略意图最终变成了团队高效协同的作战方案，推动企业快速实现了全球领先的行业地位。

二、使用绩效母盘统一各板块、各层级管理人才的管理思想，实现同频、同行

中来股份每年四季度，先邀请 4N 导师与集团高层、板块公司总经理共同参与战略研讨会，检视各板块的战略目标、修订 3~5 年规划，承接战略规划的年度经营管理目标进行研讨确认、达成战略统一。

然后，通过 4N 绩效导师对所有中高管进行统一培训，将公司的战略预期传达团队，同时现场运用实效绩效工具"目标—措施—评估—激励"四大步骤，研讨制定各板块的年度经营方案，使中高管形成对各板块战略理解的思想统一，并形成落地方案。

接下来，按季度、按月导师与团队共同进行经营绩效分析、检视目标达成进度、修订策略，在保障经营增长成果的同时，更实现了跨部门的高效执行与协同。

不论是跟随企业成长起来的"嫡系"部队，还是直接引起的"空降"特种兵，在绩效母盘的作用下，都可以快速实现思想统一、行动统一、团队融合与管理梯队的培养。

🧠 练习思考

1. 结合中来的实践，你的企业是否也存在绩效管理与企业战略落地路径无法挂钩的情况，具体可以从哪些方面着手，将企业战略落地路径勾画出来？

_____

_____

2. 回顾一下，你企业中目前在绩效管理推行上的难点和痛点，结合中来的实践，如果对现有绩效管理体系进行优化，可以从哪些方面着手制定绩效学习计划，并帮助员工厘清责权利？

_____

_____

3. 对照本章内容自检一下，目前你的企业中还有哪些机制和体系有待建立和完善，下一步，可以采取哪些措施？

_____

_____

4. 回顾一下，在本章的中来绩效项目案例中，有哪些值得你企业借鉴的绩效评估和激励策略和措施，如果要激活公司上下全体员工，接下来可以怎么做？

_____

_____

第四章

黑金刚：从『一把手工程』，到解放一把手

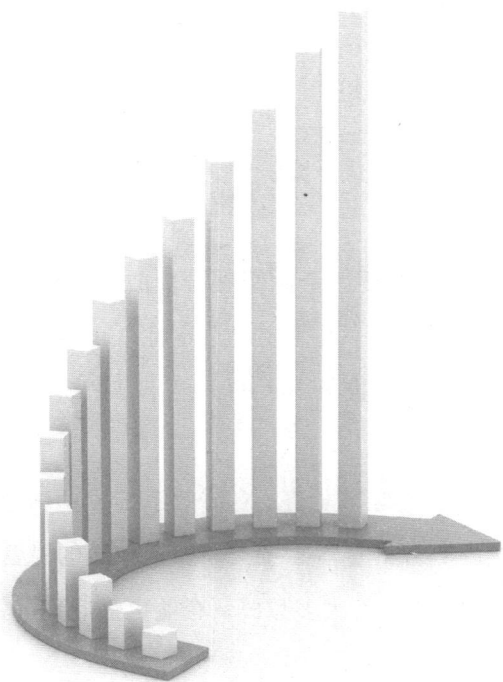

黑金刚案例要点导读

在没有实施绩效辅导之前，黑金刚是一家非常不错的企业，老板本人是个很有抱负的人，他急切地希望能让企业更上一层楼。然而黑金刚面临着一个特殊问题：老板年龄逐渐变老，他希望自己的儿子能够早日接班，然而由于缺乏技术背景和管理能力，他的儿子还不能顺利接班。黑金刚通过导入 4N 绩效体系，有效解决了这一难题。这一点，对于中国民营企业中的家族企业非常具有借鉴意义。

本章主要阐述过黑金刚绩效管理过程中"一把手工程"的问题，希望给面临同样问题的企业以参考和借鉴。在黑金刚这个案例中，我们将重点阐述以下几个要点。

一、绩效管理是"一把手工程"，但更要让企业管理层养成绩效思维

绩效管理一定是一个"一把手工程"，是一件需要老总定性、全员参与的大事，是需要"统一思想、上下同欲"才能推行下去的，企业要把绩效管理提升到战略的高度，才能做好这件事。

在绩效落地的过程中，黑金刚老板的参与和推动，对绩效系统成功落地实施起到了非常关键的作用。这一点，非常具有借鉴意义，因为中国的民营企业也大都是家族企业，黑金刚面临的很多问题，大多数民营企业也都遇到过。

二、通过绩效管理建立标杆流程，实现人才复制

任何一家企业，仅依靠几个能人是肯定无法做大做强的。如果企业想要做得更大，更需要流程标准化、管理系统化，有了流程和系统，就可以实现人才的复制，这也是企业基业长青的一大关键。我们将借助黑金刚这个案例，阐述在绩效落地实施的过程中，如何建立标杆流程和实现人才的培养复制。

> 【4N 绩效：绩效的力量】
>
> 企业做得越大，越需要流程标准化、管理系统化，这样才能实现人才的复制，这也是企业基业长青的一大关键。

三、薪酬体系的再造

4N 绩效体系中，目标、方法、评估、激励是一个完整的闭环，每一个环节都很重要，但是离开了激励，一切都是零。绩效说到底就是两大块：能力和动力。激励就是解决动力的问题。黑金刚老板很大气，激励做得好，也是绩效系统成功落地的一大关键。在这个案例中，我们将重点阐述一下薪酬体系的再造。

四、成功的绩效管理是建系统

绩效管理的理论有很多，但落地难，落地后要持续运转就更难。我们见过很多理论很好却无法落地的案例，也见过很多当时落地的状况可以，但导师一离开就不行的案例，但是很显然，黑金刚不仅落地得很成功，在导师离开两年多后，还基本做到了持续运转。

黑金刚的成功有很多经验可以借鉴，但关键是系统建得好，因此在这个案例中，我们会重点阐述系统的重要性，以及如何搭建绩效管理系统。

确立"一把手工程"，解放一把手

长沙黑金刚实业有限公司（以下简称黑金刚）成立于 1999 年 4 月 30 日，是一家专业从事凿岩设备和风动工具研究与制造的著名民营企业，拥有高水平的科研技术与丰富的生产经验，采用最优质的原材料、先进的生产工艺和严密的检测手段，生产出性能优良、质量过硬的产品。黑金刚是由矿业研究院技术高级工程师出身的杨日平先生通过小作坊运作创办的。

黑金刚绩效的落地实施，从一开始就是冲着"交班"这样的发展目标进行的。4N 绩效系统导入和落地实施的过程，也可以说是黑金刚绩效管理"一把手工程"确立的过程，更是解放一把手的过程。

从 2013 年开始，黑金刚就已经开始学习"绩效增长模式"课程，其绩效项目的导入和落地实施，主要分为三个阶段（如图 4-1 所示）。

阶段一，绩效管理探索。

先是老板一个人学习，之后不断地派中高层来学习，几乎每一次在长沙开课，他们都会派中高层过来，要么是新训，要么是复训。

回去以后，他们按照课堂上学到的知识做绩效管理，但做了两年左右的时间，成效并不大，因为没有抓住重点，整个团队越来越累。老板把大量的时间花在了抓企业内部的绩效管理上，没有更多的时间去关注外部市场。由于战略上的兼顾不到，反而拖累了企业的经营和发展。

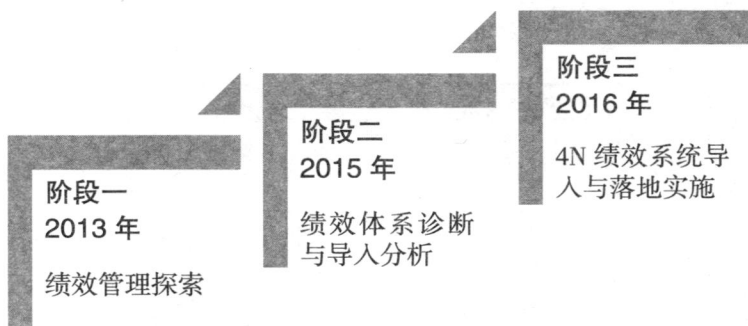

图 4-1　黑金刚绩效项目导入和落地实施的三个阶段

其实，类似的"老板感觉累"的现象，在不少企业中都存在，所有的事情都要老板自己去统筹、去落地。但这一过程中，员工也会感觉负担很重，因为没有树立正确的绩效意识，对绩效没有正确的思维和认知，对于他们来说，所谓的绩效管理就是扣钱！

因此，原本表面上看似忙碌的绩效管理，最终的实施效果却非常差，不仅没有帮助企业绩效提升和增长，还因为质量问题考核失去了澳大利亚的市场，这也是在做绩效考核之后出现的第一个危机。

阶段二，绩效体系诊断与导入分析。

2015 年的时候，4N 导师去黑金刚做了一次回访，当时建议老板可以将培训和辅导一起进行。然而老板犹豫不决，因为他会觉得在整个绩效管理的过程中，不过只是在做 KPI 而已。他觉得这些东西他自己也能做，虽然当前他做得很累，但觉得这些东西他自己都懂，以后会越做越好。

在这个沟通的过程中，通过双方的详细交流，我们一致发现，当时的黑金刚在企业经营上，主要面临三个问题（如表 4-1 所示）。

表 4-1　黑金刚在 4N 绩效系统导入前在企业经营上的三个主要问题

问题	具体描述	关键点	带来的影响
问题一	经过两年试错，绩效实施效果并不理想，团体效率未得到提高，员工抵触情绪强烈，士气大减。	团队效率低下、员工抵触。	绩效实施效果不理想、打击员工士气。
问题二	企业利润未得到提升；丢失澳大利亚海外市场；国内市场口碑逐年下降。	企业利润提升困难。	市场和口碑双失利。
问题三	老板逐渐老去，面临交班的问题，然而接班人并未跟上梯队。	接班人缺乏技术背景、管理能力和管理层团队。	不能顺利交接班。

当我们在分析厘清企业经营发展的核心障碍以后，老板就下决心开始要做绩效辅导。

黑金刚的 4N 绩效系统导入和落地实施，一把手在其中起了至关重要的作用，不仅如此，正是因为对企业经营、绩效管理痛点和难点的体会颇深，让其坚定了要在企业全面贯彻 4N 绩效系统的信念。

这一意识也很好地带动了企业管理层，促进他们实现了绩效思维的转变，并将其 4N 绩效系统的核心和精髓进一步贯彻到企业基层员工中，为前期的绩效项目导入做好了充足的准备，更为后续绩效项目的顺利导入和落地实施打下了坚实的基础。

阶段三，4N 绩效系统导入与落地实施。

2016 年初，黑金刚开始正式导入 4N 绩效系统。

尽管在正式导入绩效项目之前，企业一把手和管理层都做了充分地准备，但在第一次开动员大会的时候，我们还是遭遇到了非常大的抵触。其中，中高层抵触的点集中在三个方面（如表 4-2 所示）。

表 4-2　黑金刚绩效项目中高层三个抵触情绪及关注焦点

问题	具体描述	关注焦点
抵触一	如果辅导没有效果，所有工作又要重新忙一场。	绩效管理导入和落地是否能达成预期。
抵触二	由于之前与老板一起做绩效管理的失败经验，员工抵触情绪严重，担心员工不能很好地配合导师。	员工是否能良好地配合绩效项目的开展和实施。
抵触三	就绩效辅导而言，外部导师并不能确定一定会有效果。	对绩效项目主导导师存疑。

针对上述问题，黑金刚老板非常积极地配合顾问导师去推动 4N 绩效落地，他敢于授权，也敢于放权。

在绩效落地实施的过程中，我们砍掉了许多不合适的岗位。例如，高薪聘请的两个职业经理人，仅这一项就给企业每年节省了 100 多万元的成本；将一些因人情关系（创业元老、老板同乡）而占据重要职位却又缺乏相应管理能力的人，调到一些非重要的岗位上；将一些影响团队和谐、态度消极、拖后腿的人闲置化。

这些动作，如果没有一把手的参与和支持，是很难推动的。

尽管老板是一个非常重情义的人，但是他心里非常明白，有很多元老和亲朋好友在企业里占据着重要职位，却已经无法适应市场的需要。黑金刚老板希望能很好地安顿这些人。因此，我们采取了折中的方案：没有淘汰这批员工，而是选择将这些人调岗、闲置化。同时，我们还提拔了一些有能力、执行力强的人到重要岗位上来，实现人才结构的优化。

中国的民营企业里，不少像黑金刚这样的情况，在推行绩效管理方案时，首先就会遭到一些元老高层的抵触。面对着人情难题，一把手理清思路并协助推进，是绩效方案成果落地实施的前提和关键。这个动作还向全体员工传达了"绩效管理，势在必行"的信号，有利于提升员工的重视程度。

绩效管理的根本目的不是为了管人，而是为了激活员工去创造高绩效，从而实现企业利润的增长，企业核心竞争力的提升，最终实现企业的战略目标和长期愿景。要达成这样的目标，需要各部门、各层级的配合，需要激发员工的主观能动性。因此，它一定是一个"一把手工程"。

举个很简单的例子，所有绩效管理的理论里，激励都是十分重要的一环，但若是没有一把手的参与，仅仅只是人力资源部来推进，那么这个激励一定只是常规的激励，绝大多数企业里，人力资源部没有权利去制定超常规的激励，也不敢担当这个责任，更无法取信于员工。只有老板亲自参与，这个激励才能落到实处，让员工真正心动。

通过 4N 绩效系统导入和落地实施，黑金刚确立了"一把手工程"，也使得一把手从繁忙事务中得以解脱。

破除均衡"大锅饭"，打造绩效系统

今天的企业，有很多采取均衡"大锅饭"的激励制度模式，主要有两种状态：一是绩效占比低，二是绩效差距小。绩效占比低，是指在员工的薪资收入中，固定部分和绩效部分的占比。按照管理大师德鲁克的观点，当一家企业固定收入占比多于70%，浮动收入占比小于30%，这家企业经营一定存在问题。

在实践中，如果固定与绩效比例达到9：1，甚至是10：0，基本可以理解这家企业是均衡"大锅饭"模式。绩效差距小，是指干好干坏拉不开差距，上下浮动比低于30%，结果是能人不愿意努力，懒人带坏勤快人。

打破均衡"大锅饭"模式

那么，如何打破均衡"大锅饭"模式呢？

首先，承认"价值创造差异化"。

中国人民大学文跃然教授谈到对组织绩效的看法时说："企业的成果产生于对客户需要的满足而不是来自内部管理，以人为中心的绩效是最低的绩效，以方法为中心的绩效是大绩效。"对此，他有一个很形象的比喻，认为不同层次的绩效改进与带来组织绩效提升效果的比例关系应该是这样的：辛苦绩效 1∶1，流程绩效 1∶10，领导绩效 1∶100，创新绩效 1∶1000。这实际上是对价值创造差异化的一个解读。

其次，走出"打破均衡是制造矛盾"的心理误区。

在对上百家企业进行绩效咨询辅导后，我发现，凡是不敢打破均衡"大锅饭"模式的企业，都是害怕打破均衡制造矛盾，害怕引发矛盾与冲突，其实质是老板领导力不足的表现。

第一，最先提出挑战的恰恰是老板的亲戚朋友、元老功臣，为了躺在功劳簿上睡大觉，他们千方百计抵制绩效导入，害怕"能者上，平者让，庸者下"的情况出现。

第二，没有意愿没有能力的人，也会十分抵触。因为一旦成果导向数据说话，相互间就会立即拉开差距，在企业就不好混下去了。

第三，老板念及过去，不敢直面现状面对未来。由于制度改革乏力，一团和气舒服惯了，不敢打破过去的"坛坛罐罐"，不敢打破均衡，害怕由此引发内部的冲突与不和谐。

最后，借力必要的工具与手段。

第一，导入绩效文化。追求高绩效导向，人人都是经营者，要经营自己的事业，经营自己的价值，经营自己的贡献，经营自己的收入。市场经济时代，就是要承认能力差距、意愿大小，就是要承认绩效成果的差异化和不同。

第二，提高绩效占比，低底薪高绩效。不是让与员工少拿钱，而是多拿钱，让有能力愿付出的员工从绩效里获得更多的回报，多劳多得、少劳少得、不劳不得。

打造绩效体系四大保障

如何导入绩效文化，打造绩效体统呢？我们主要从四个方面来讲解（如图 4-2 所示）。

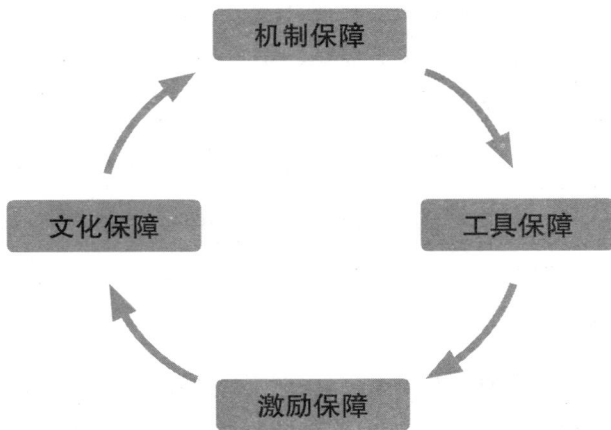

图 4-2　企业打造绩效体系的四大保障

一、机制保障

绩效的落地首先需要一套正确的机制。

机制，通俗地讲就是规矩。中国有句古话，无规矩不成方圆。我们上面所讲的标杆流程，其实也是机制的一部分。这里我们还需要再补充一点：职责范围的界定。

在中小企业里，常常是一人肩负多职，比如做销售的既负责市场，也协助研发等。在企业发展的初级阶段，这可以为企业降低成本，提升效率，但是随着企业越做越大，这种职责不清晰的模式，就很容易产生工作上的失误和推诿扯皮现象。

所以在黑金刚绩效落地的初期，我们首先做的一个事情就是界定职责范围，即帮助各个部门去规范自己的工作范围。当范围界定好以后，各个部门就会明白自己的发力点在哪儿，知道自己的资源以及工作的产出在哪儿。

当确定好职责范围以后，我们就输入一个非常重要的理念：管好自己"一亩三分地"的事情，不要给别人找麻烦，把自己的工作做到极致。

这从根本上解决了在工作当中，员工相互推诿、相互扯皮的问题。在许多中小企业里，这类问题几乎是普遍存在并且根深蒂固。这也就意味着在整个绩效推进的前期，只要每个人把自己的事情做好，不给别人找麻烦，就已经是最大的团队精神了。

二、工具保障

有了机制，还需要有工具、有方法。

在很多企业里，目标制定好了，各种机制都有了，但最后落实不下去，到了年底，所有的目标都没有实现，绩效管理仅仅只是停留在文字层面。究其原因，通常大家都认为这是因为执行力不行。其实执行力不好，也和企业里缺工具、缺方法有关。

企业内的执行是需要工具和方法的。其中，工具包括兵棋推演、鱼骨图等。

我们通过鱼骨图在黑金刚公司内部进行了一个路演，来帮助各部门在自己管辖的范围内，围绕着目标进行公司资产的保值和增值。特别是两轮兵棋推演，对提升中层领导的能力和执行力，起到了很大的作用。

第一轮兵棋推演，解决了管理者缺乏系统观、全局观的问题。之前，黑金刚的管理者做出来的目标和工作计划，都是以事务性工作和日常工作为主，缺乏"给整个公司创收"的全局观。在兵棋推演的过程中，我们通过鱼骨图等工具帮其梳理清楚思路，并打通各个部门间的壁垒。

┌─【4N 绩效：绩效的力量】─┐
│　　企业绩效管理推行
│难，有时候是因为员工
│缺乏工具和方法，而这
│正是管理者需要提供和
│解决的。
└─────────────┘

因为有了前期的梳理，开始有了系统思维、重点思维，也认识到了自己的短板，所以第二轮兵棋推演中就开始用数据说话，通过数据找出工作的重点和问题的核心点，并制定出了真正能够落地的行动计划。行动计划表也是工具的一种。

通过兵棋推演，每个人都掌握了一定的布局能力。一方面提升了管理层知人善任的能力，另一方面也提高了员工的工作效率及其工作的聚焦性。这就是方法和工具的重要性。

三、激励保障

激励保障既包括薪酬再造和给每个员工重新设计盈利模式。薪酬再造即以成果作为导向，对每个人进行论功行赏，也就是我们所说的薪酬要与成果挂钩，行动计划完成得好，成果就会好，成果一旦体现出来，就需要马上激励到位。在绩效实施之后，黑金刚大部分员工的收入普遍是原来的 1.5 倍，一些表现特别优异的员工，收入更是翻了几倍。

通过这样的激励保障，越来越多的员工意识到：绩效管理对我有好处，可以帮我赚更多的钱。有了这样的觉悟，他们就会自动参与到绩效管理中来，主动去适应这个系统，拥抱这个系统，这也是系统可以持续运转的关键。

四、文化保障

在绩效实施之前，员工大都是领导安排什么就去做什么。他们没有目标，工作也不主动，整个公司的氛围是较为散漫。

原来午休一个半小时里，员工大都是在外面闲聊，哪怕无事可做晒晒太阳也要把一个半小时磨完。在绩效实施之后，一切以成果为导向，成果和薪酬挂钩，一些原来拿3000元的员工，现在有的可以拿到15000元，几乎是原来的5倍。

在这种情况下，员工的思路改变了，从"要我做"变成了"我要做"。他不再是给老板打工，而是给自己打工，整个公司的风气也得到改变。

原来在吃"大锅饭"的时候，不管员工的表现是好还是坏，大家薪水一样，这样好的员工也会被挤走。现在工资高了，不仅企业内部的员工有了动力，原本做得差的员工也有了压力，就连同行业一些能力强的员工也来求职。这样一来，企业就有了更大的选择余地，可以不断地用好的员工去更新换代，"大锅饭"的文化就彻底改变了，形成了"力争上游"的竞争文化。这不仅保障了绩效系统的顺利运转，还可以优化人才结构。

距离黑金刚绩效项目落地辅导已经过去两年多，但是黑金刚企业内部的绩效管理依然正常运转，企业的绩效依然节节升高。这是因为，一旦有了系统，有了规矩，员工就会自动自发地工作，并逐渐养成绩效习惯，企业将不再依赖于某一个能人，也不再依赖任何外部条件。

所谓系统，是指离开了任何人都照样能照常运转的体系。有了系统，企业就能从"人治"走向"法制"。企业不再是暂时的盈利，而是持续地健康发展，这也是中国的很多民营企业都特别需要的。

人的生命有限制，但是企业的经营是可以做到有序的，但是要做到有序必须要以接班人的思维，打造好企业的经营母盘，把人才培养好。如果体系没搭建好，没有培养出接班人，就想甩手一把手，那么企业注定会短命。

通过"一把手工程"，打造绩效母盘系统，培养接班人，然后逐步退出，这样，新的绩效体系就可以实现自主运营。

打造标杆流程，实现人才复制

人才是企业成功的关键，人才的培养和复制是企业实现长远发展的基石。中国民营企业中有很多人都是草根出身，因为抓住市场机会而迅速发展起来。在企业的高速发展期，往往几个优秀的员工就能打下一片江山。

所以，我们会发现很多民营企业特别是中小民营企业，缺乏像大企业那样的标杆流程和人才培养机制。"能人文化"是中小企业的普遍现象，老板就是企业中最大的能人，搞销售、抓生产、管财务，还能包揽人事。

但是，这也造成了中小企业一个普遍的痛点：人才无以为继、无法复制。

能人走了怎么办？老板精力不够了怎么办？所以，很多中小企业在做大做强的过程中，就出现了人才的断层。这导致很多民营企业在规模小的时候能够实现盈利，然而规模做大之后，毛利润反而降低。归根结底，其原因就是人才培养没有跟上，员工的人均产出在下降。

因此，企业需要建立一套标杆流程，有了标杆流程和相应工具，员工只需要听话照做就行。后进的员工可以跟上来，新员工也可以迅速上手，这样就可以实现人才复制。

在没有标杆流程时，工作上出了问题，往往会出现互相推诿扯皮的现象，也很难从根源上去杜绝。而一旦有了标杆流程，当问题发生时，就很容易根据相应的流程和步骤去追根溯源，可以找到问题的根源，可以找到相应的责任人，通过优化流程和管理，避免类似的情况再次发生。

在制造型企业里，这样的标杆流程尤其重要。

黑金刚是一家制造型企业，产品远销海外，老板本人是研发背景，从国营研究院出来创业，公司的研发能力相当不错，产品的科技含量还是很高，产品本身非常有竞争力。但是这样一家企业，曾因为内部管理的问题遇到过许多挫折，包括曾经一度丢了部分海外市场。究其原因，是因为黑金刚企业内部缺乏相关的标杆流程。任何一家企业，仅仅依靠几个能人是肯定不行的。

企业做得越大，越需要流程标准化、管理系统化，有了流程和系统，就可以实现人才的复制，这也是企业基业长青的一大关键。黑金刚在绩效落地实施之后，通过建立标杆流程和实现人才的培养复制，产品质量问题基本为零。

黑金刚的钻孔车间主任，能力平平，既不善于全面分析和思考，也不太会做决策和出创意，但是为人特别踏实。黑金刚绩效项目实施之前，他表现并不突出。但是当有了标杆流程之后，他踏实实干、执行力强的优势就显现出来了，流程显示该怎么做，他就照做。因为这套方法和流程是系统的，不需要他有太多的见解和思考，他只要踏踏实实按步骤做，不投机取巧，就可以做得很好。

下面我们看一下黑金刚钻孔车间加工中心齿孔加工流程（如图4-3至图4-7所示）。

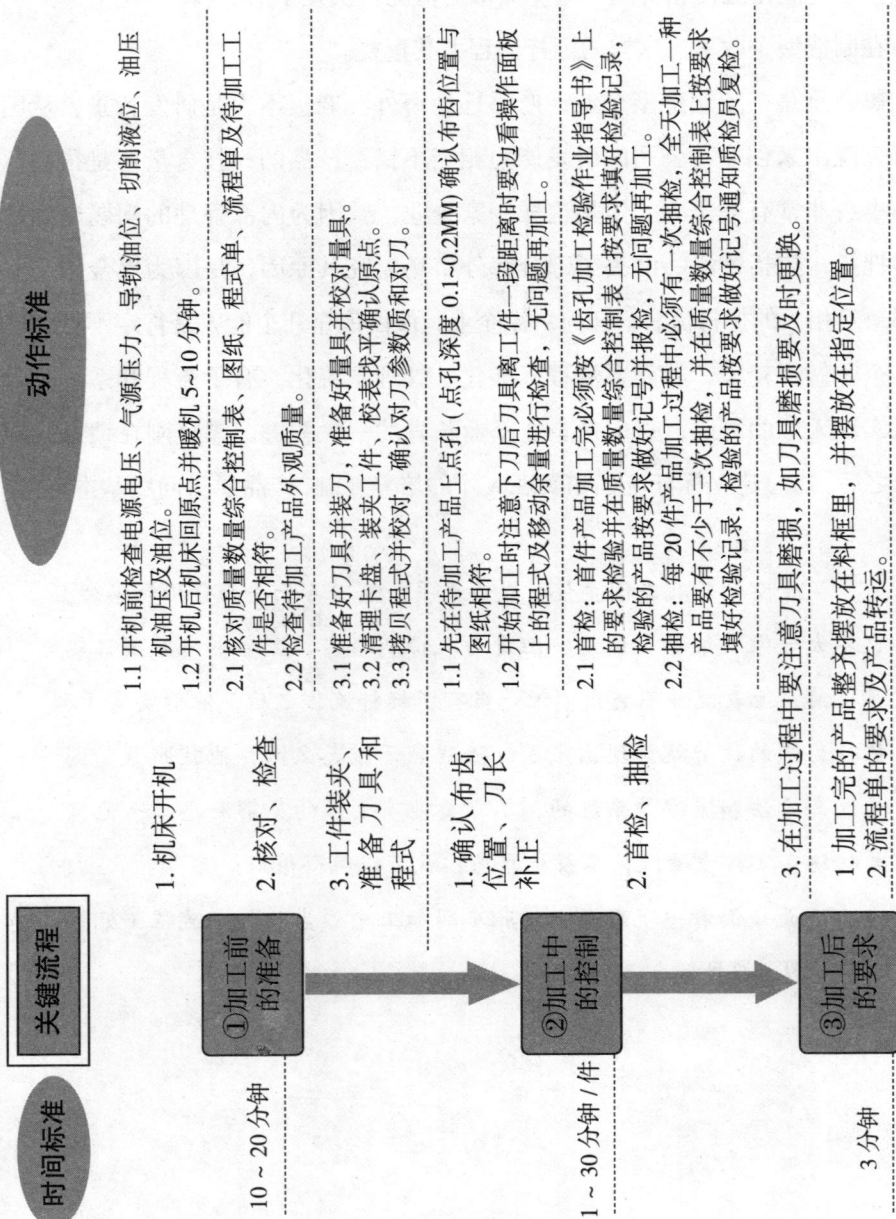

时间标准	关键流程		动作标准

时间标准 / 关键流程 / 动作标准

10~20分钟 — ①加工前的准备

1. 机床开机
   - 1.1 开机前检查电源电压、气源压力、导轨油位、切削液位、油压机油压及油位。
   - 1.2 开机后机床回原点并暖机5~10分钟。
2. 核对、检查
   - 2.1 核对质量数量综合控制表、图纸、程式单、流程单及待加工件是否相符。
   - 2.2 检查待加工产品外观质量。
3. 工件装夹、准备刀具和程式
   - 3.1 准备好刀具并装刀、准备好量具并校对量具。
   - 3.2 清理卡盘、装夹工件，校表找平确认原点。
   - 3.3 拷贝程式并校对，确认对刀参数质和对刀。

1~30分钟/件 — ②加工中的控制

1. 确认布齿位置、刀长补正
   - 1.1 先在待加工产品上点孔（点孔深度0.1~0.2MM）确认布齿位置与图纸相符。
   - 1.2 开始加工时注意下刀后刀具离工件一段距离时要边看操作面板上的程式及移动余量进行检查，无问题再加工。
2. 首检、抽检
   - 2.1 首检：首件产品加工完成按《齿孔加工检验作业指导书》上的要求检验并在质量综合控制表上按要求填写检验记录，无问题再报检。
   - 2.2 抽检：每20件产品加工过程中必须有一次抽检，全天加工一种产品要有不少于三次抽检，并在质量数量综合控制表上按要求做好检验记录，检验的产品按要求号通知质检员复检。

3. 在加工过程中要注意刀具磨损，如刀具磨损要及时更换。

3分钟 — ③加工后的要求

1. 加工完的产品要整齐摆放在料框里，并摆放在指定位置。
2. 流程单的要求及产品转运。

图4-3 钻孔车间加工中心齿孔加工流程图

质量数量综合控制表

图纸

工件

程式单

流程单

图 4-4　加工前的核对与检查

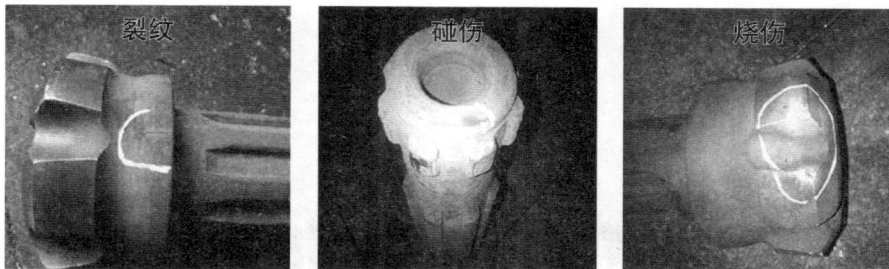

图 4-5　加工前的产品外观检查

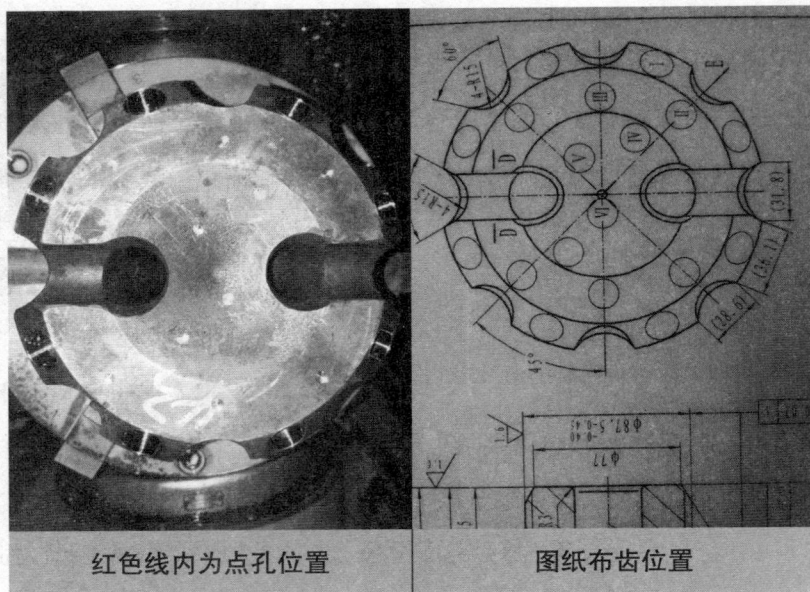

图 4-6　加工中确认布齿位置

图 4-7　加工中的首检

在标杆流程建立起来后，原来这个不起眼的车间主任脱颖而出，在绩效评定中获得了前三名。他所负责的车间无论是质量、损耗率、交期及时率，都是数一数二的。他不仅自己表现优异，他所在车间的其他员工，也涌现出能干的车间副主任和很多技术骨干，这些人也成为公司的人才储备。

在标杆流程的对照下，不仅优秀的员工会脱颖而出，不合格的员工也无所遁形，因为这套系统对人员甄别非常简单明了，只要看某个步骤有没有做到位，就知道他是不是一个合格的管理者。例如，一个车间主任，随波逐流，不愿意跟进，老板通过观察并结合绩效系统的综合评估，就可以识别其是否真的执行到位。

黑金刚绩效辅导的成果及成功关键

黑金刚绩效辅导成果

黑金刚绩效导入的成果是显而易见：员工收入翻 1.5 倍，工作效率翻 3 倍；公司规模扩大，二期厂房扩建 6000 万元全部来自企业盈利，没有一分钱贷款；公司已成为行业内的一个标杆；拿回了丢失的海外市场，规模是以往做得最好时候的 2~3 倍。

这些都是企业硬实力提升的数据呈现，除了这些硬成果的呈现，一些软实力的提升对企业的长远发展的意义更大。我们仅选取其中的几点做一些简要说明（如图 4-8 所示）。

一、企业一把手得以解放

黑金刚老板杨总原来很少待在办公室，整日往车间跑，因为他不放心，得亲自去现场督促。现在他一天去车间的时间不超过两小时，因为他只需要检查管理层的行动计划就够了，现场就留给这些中层自己去抓。

原来，他天天加班到很晚，其他员工都走了，他还在办公室，因为他白天都在车间，晚上才能思考问题，做一些战略层面的思考和决策。现在基本上下午 5 点到 5 点半就可以下班，周末也很少加班，有空还可以去周边的文化宫等地方走走，现在他的时间解放了出来，喜欢文学的他已经开始着手写传记了。

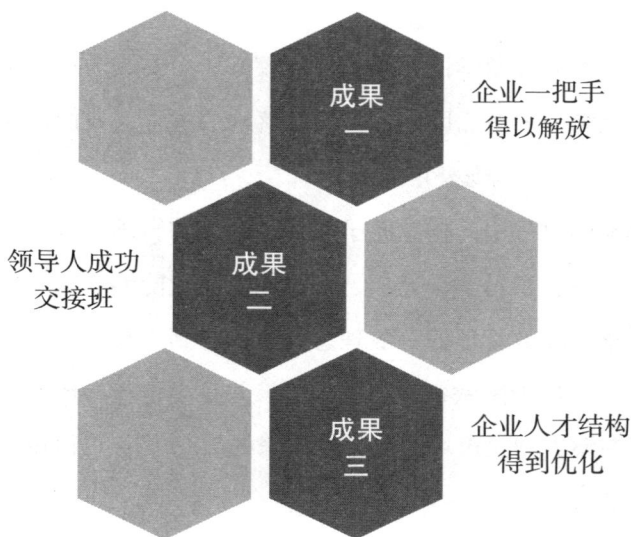

图 4-8　黑金刚 4N 绩效系统导入和落地实施部分成果

在没有导入绩效之前，公司管理层遇到任何问题时，基本上都是等着老板拍板，现在则全部都是自己找问题、找短板、找解决方案，然后自己写行动规划，最后带着方案向老板汇报。老板看到管理层的汇报和方案以后，只要发现没走偏，就不用去逐一指导，只要把行动计划抓好就可以了。

对于老板来说，过去他的工作包括中层管理的巡查、问题分析、方案思考、问题解决等，现在这些工作已经全部授权，他就可以从中解放出来。

二、领导人成功交接班

在没有进行绩效导入之前，杨总一直想培养自己的儿子接班，希望他能尽快学会管理企业，但也只是空想，一直找不准定位，儿子在公司里做的一直就是一个"老板的小跟班"的角色，无法独当一面，也没有掌握任何的系统管理思维。

杨总儿子具有海外留学的背景，外语较好。而要成为一名合格的企业经营者，懂市场是第一要务。因此，在绩效落地的过程，我们建议他从海外销售这块入手，负责丢失的海外市场。

在整个落地的过程中，杨总儿子掌握了系统的管理思维，并与整个系统逐步磨合。因为不急于马上做老板，所以他更注重能够扎实掌握管理技巧。因此，他不仅学习绩效管理的一般理念，也参与到工具和系统的学习中来。譬如，他经常通过鱼骨图做各种问题分析，并且学得很有成果。在杨总儿子的带领下，现在澳大利亚市场的业务是原来的2~3倍。可以说，杨总儿子已经成为一名合格的接班人。

三、企业人才结构得到优化

在做绩效之前，黑金刚是一家传统制造型企业，老板在研究院工作多年，企业的管理风格受老板本人影响较大，和国企有些相似，比较看重资历，缺乏明确的晋升机制，基层员工想要快速晋升是比较困难。

由于老板本人相当重情重义，因此一些重要职位大都被一些跟老板一起创业的元老、亲戚、乡亲占据。这些人曾为企业的早期发展立下过汗马功劳，但是随着时代的发展，他们的一些管理理念已经稍显守旧。

因此，对于企业内的年轻人来说，他们的活力和创造力多多少少被压抑。

引入4N绩效体系之后，最显而易见的改变就是所有人都"凭本事吃饭"，背景不再那么重要，资历不再被过度看重，员工不用担心"枪打出头鸟"，一切由能力说话。所有努力都可以通过数据直观地显现出来，企业经营者和管理者都可以直观地看到，因而员工可以得到与其付出相应的回报，包括升职或者收入的增加。这使得很多没有资历和背景的年轻员工能够把握机会，脱颖而出，企业人才结构得到优化。

黑金刚绩效成功关键点

一、管理层熟练掌握与自主运用绩效增长模式

管理者的工作开始变得有章法、重点和核心点抓取清晰，基层员工投入同样的工作中，产生不同以往的事半功倍的效果，基层员工对绩效工具方法的投入度越来越高涨，基层管理人员的管理信心和团队掌控力愈来愈强。

二、系统用产出说话，用数据说话，奖罚分明，及时论功行赏

数据说话淘汰了一批因循守旧的管理人员，数据说话，涌现出一大批有思路，有干劲、有产出、有潜力的优秀员工队伍，公司人才储备不再是问题，中层用业绩产出和人员产出坐上了高层岗位，基层用标杆流程和产出大幅提升坐上中层岗位的人员比比皆是。

三、通过 4N 绩效系统让员工从"要我干"变成"我要干"

原来午休两小时无所事事、现在吃饭最多 15 分钟抓紧时间回岗位做业绩，员工工作效率大幅提升，产能利用率迅速提高，员工加班却不断减少，基层员工休息得好，工作效率更高，收入也水涨船高。

四、树立绩效导入就是产出导入的思维

在黑金刚的辅导中紧紧围绕人性做管理，围绕产出做兑现，围绕文化做统筹，提升绩效和利润就是四个环境的打造（如图 4-9 所示）。

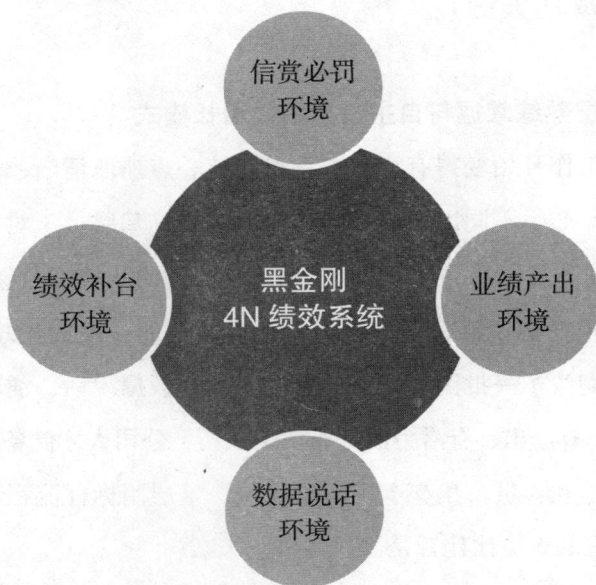

图 4-9 黑金刚 4N 绩效系统导入和落地实施中四个环境

练习思考

1. 企业绩效管理最终是否能落实到位，企业一把手的作用和影响极大，对于企业经营者和管理者来说，一是要进行思维的转变，二是要做好向上沟通，赢得支持。结合你企业的现状，思考在这些方面是否到位，还需要哪些改变？

_____

_____

2. 在企业日常经营和管理工作开展中，标杆的力量和榜样效应是不可忽视的，对于整个管理体系来说，树立标杆的过程，也是实现企业标准流程化的过程，结合你企业的经营现状，可以从哪些方面实施流程化经营，如何将其与人才培养有机结合起来？

_____

_____

3. 企业绩效管理的推行，需要相应的薪酬和激励机制如何与绩效成果挂钩是关键，你的企业目前已经做了哪些，哪些方面尚缺，如何完善？

_____

_____

4. 绩效管理是一个系统化的工程，自然也不能缺少绩效系统的支持，结合黑金刚在企业绩效系统搭建方面的实践，你的企业可以从哪些方面着手？

_____

_____

第五章

蒙都：聚焦核心价值链的绩效增长

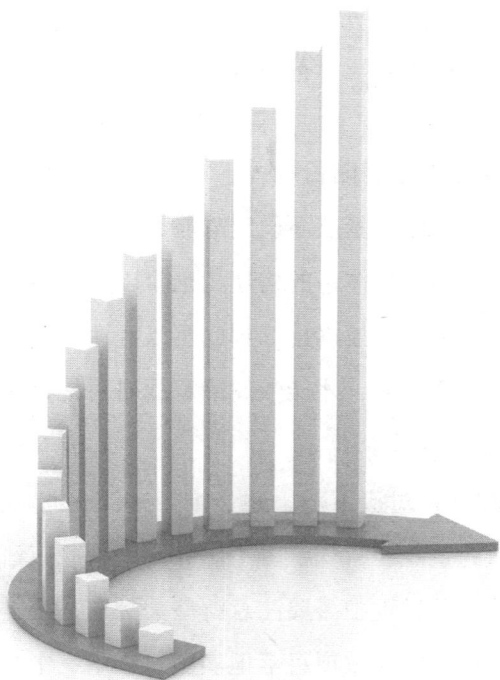

蒙都案例要点导读

真正的经营绩效，需要上接战略，下接绩效。所以，4N 绩效系统的导入和落地实施，需要企业经营者和管理者运用系统性的思维方式，从全局和战略的角度来理解和推动企业绩效体系的构建、优化和完善。

在本章节，我们通过讲解蒙都导入与落地绩效体系，聚焦以核心价值链为导向的部门绩效增长，希望为广大企业一些新的思考和启发，使企业能够更深入理解如何抓销售增长，如何抓生产增长。在蒙都这个案例中，我们将重点阐述以下几个要点。

一、确立清晰的企业愿景，并据此设定战略目标

绩效的起点，是以企业愿景和战略目标为基点而设定战略目标的。企业的经营是为企业的战略和使命服务的，而绩效体系的构建，也要以企业愿景和战略为基点。企业经营者要思考的是企业的战略目标到底要以哪些愿景和使命为基点。只有将企业愿景和使命明确下来，才能依此确定战略目标，构建团队的绩效系统。这是十分重要的第一步。

二、根据企业当前的绩效推行难点，对症下药，逐步推行并深化

绩效管理推行的难点在于，不同的企业经营现状也不尽相同，到底应该从哪里开始推行、应该遵循怎样的流程、过程中需要注意哪些关键点，都是企业经营者和管理者需要考虑的。在蒙都的绩效项目落地实施过程中，十分突出的一点，就是基于蒙都当前绩效推行的难点，设定阶段性的推行重点措施，针对性地解决难点和痛点，让整个项目的推行有条不紊。

三、将三大思维工具的运用，贯穿于目标设定、执行、达成的整个过程，从而推动部门绩效增长

通过对时间圆饼图、鱼骨图、流程图三大绩效思维工具的运用，从基层员工到整个管理层都有效地建立起了一套针对性极强的工作方法论和思路。与此同时，组织效能和管理效能也得到了极大的提升，不同部门和团队之间的配合也在潜移默化中被带动起来。

以终为始，细化战略目标

内蒙古蒙都羊业食品股份有限公司（以下简称蒙都）始建于 1998 年，坐落于内蒙古赤峰市翁牛特旗食品工业园区，是一家以优质肉羊生产、加工、销售为主导，特产、休闲食品、生产和销售并存的农业产业化国家重点龙头企业，股份制民营企业。

蒙都是国家现代肉羊产业技术体系—加工研究室羊肉加工示范基地，研发及技术力量雄厚。拥有国家专利 9 项、自治区级科技成果 4 项。2016 年借助资本的力量成功登录新三板，从 2017 年开始公司又在锡林郭勒盟地区扩大产能。目前合作的餐饮企业有海底捞、呷哺呷哺、西贝公司、巴奴火锅、木屋烧烤等大型连锁餐饮企业。

4N 绩效的落地实施包括目标制定、措施方法、检查评估和激励兑现这四大步骤。在蒙都的这个案例中，我们重点讲解目标系统。

梳理企业战略目标

4N 绩效的导入需要经营者、管理者系统思考，从战略角度来理解，构建整个系统的优化。作为企业经营者和管理者，需要思考的是企业将走向何方的问题，也就是我们心中希望企业在 10 年后、20 年后乃至在更遥远的未来，成为什么样子。这就是企业的目标体系，如图 5-1 所示，包括：愿景、使命、战略目标三点。

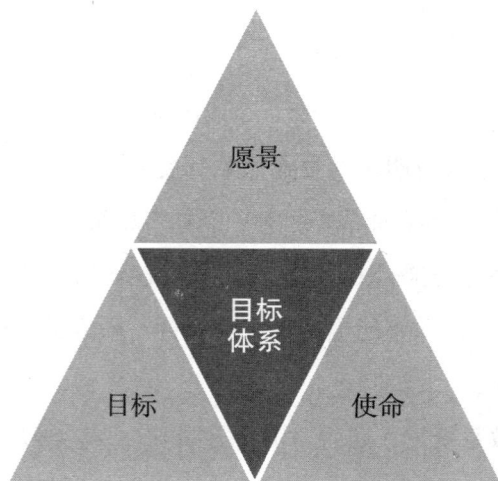

图 5-1　企业目标体系的三大板块

企业的愿景、使命、目标三者之间是怎样的关系呢？

・愿景——希望公司发展成什么样？

・使命——公司为什么存在？

・目标——从抽象到具体，从理想到现实。

经过这一番梳理和引导，最终，从企业决策层到管理层以及基层员工都

【4N 绩效：绩效的力量】

确定高层的目标，也就是战略目标，是十分关键的一环，只有先确定了战略目标，才能确定员工的目标。

达成一致，并明确了蒙都的愿景、使命和目标。

管理大师彼得·德鲁克说："各项目标必须从我们的企业是什么，它将会是什么，它应该是什么，引导出来。它们不是一种抽象，而是行动的承诺，借以实现企业的使命；它们也是一种用以衡量工作成绩的标准。换句话说，目标是企业的基本战略。"

对于企业来说，仅有明确的企业愿景和使命还不够，必须把这些共同的愿景和良好的构想转化为企业战略目标。例如市场份额、利润率、生产率等，这才是目标。尤其是确定高层的目标，也就是战略目标，是十分关键的一环。只有先确定了战略目标，才能确定员工的目标。因为员工的目标都是为企业的战略目标而服务的。

在蒙都4N绩效系统导入之前，内部虽然也有一些类似愿景和使命的口号，但是并没有清晰的愿景和使命。我们通过和老板及高层的座谈会，确定了蒙都的愿景和使命。并在此基础之上，制定了企业了基本战略目标。

将目标具体化、数据化

一、战略目标

战略目标属于长期目标，5年目标、10年目标、20年目标，都属于战略目标。由于市场瞬息万变，我们通常都是建议客户制定5年目标。

在制定战略目标的时候，一个最重要的原则就是"以终为始"。你的企业在未来想成为一家怎样的企业？战略目标包括收入、利润、毛利率、增长率、费用及成本控制等要素。

从战略目标到员工具体工作的最终指标，也是一个将目标具体数据化的过程，其中，不同的目标对应不同层级的员工。

二、年度目标

在目标的制定中，年度目标是最重要的一环。

对于高层来说，主要是制定战略目标；对于中层来说，主要是指制定年度目标。相对于高层的战略目标来说，中层的年度目标更加具体和细化。

中层如何制定年度目标呢？有两个核心：经营目标和管理目标。

管理必须为经营服务，所以在制定年度目标时，管理目标必须与经营目标相结合。具体来说，管理目标有以下三个维度（如表 5-1 所示）。

表 5-1　企业管理目标的三个维度

项目	客户维度	内部流程维度	学习与成长维度
核心	管理目标始终要面向客户，一切以客户为导向。	让管理为经营服务。	员工是企业的无形资产，企业要关注员工的成长。
具体描述	倘若客户的工作时间为 12 点到 22 点，那么企业在设定管理目标时，将工作时间设定为 9 点到 18 点，显然是不合理的。	因此，如何简化流程，如何让流程的设置更加合理，更好地为经营服务，这是管理目标的一个制定方向。	一家优秀的企业，必是学习型的企业，必定有其良好的内部学习成长机制。例如，阿里巴巴有自己的企业大学，华为也有自己的企业研究院等。

而经营目标则主要是财务方面的指标，是可以用数字衡量的指标。经营目标要解决的核心问题是企业从哪里盈利？如何开源？市场在哪儿？客户是谁？怎样满足需求？如何竞争？它包括：产品研发指标、市场销售指标、利润指标、毛利率指标、应收账款指标、成本控制指标等等（如表 5-2 所示）。

表 5-2　企业经营目标部分要素表

指标类型	关键点	具体内容
收入	份额	市场占有率
回款	应收	经营风险
库存	变现	资产负债
毛利率	盈亏平衡点	竞争能力
费用	节约	反应浪费程度
净利润	盈利能力	反应真实赚钱能力
周转率（存货、资金）	效率	赚钱速度
现金流	生死	存活时间

　　无论是管理目标还是经营目标，只有同时具备挑战性和激励性两个特性，才算是好目标。年度目标有野心，才能鼓励员工突破自己的能力；年度目标有激励性，才能激发全员的潜能和热情。

　　通过我们的梳理，蒙都的各中层对目标设定有了更加清晰地认知，制定出了清晰、合理的年度目标。

三、岗位目标，即关键指标

　　岗位目标主要针对一线部门和二线部门。

　　其中，一线部门的年度目标主要是指业绩目标，例如完成销售业绩 300 万元。一线部门的目标制定相对而言比较简单，需要注意的是，有些企业在制定一线部门的业绩指标时，往往是以上一年为依据。比如说去年做了 3000 万元，那么今年就设置成 3500 万元，再按人头平均分配到每一个员工的身上。这种制定目标的方法是错误的。正确的做法是，动员每一个员工，给予足够的激励措施，让员工说出自己心目中的目标。目标制定不是"上压下"，而要发动员工的能动性。

例如，在蒙都的年度目标制定的过程中，就很好地遵循了这一流程和原则，由于前期动员大会做了充分的准备，所以在制定目标环节，都达成了统一共识，并且员工们都十分清楚自己的工作对目标的达成与否会带来怎样的贡献和影响。

在实际操作的过程中，管理层可以通过灵活的提问方式，帮助员工设计自己的盈利模式采取灵活的方式，例如：

问：你的梦想是什么？

答：环游世界。

问：你打算用多长时间达成这一梦想？

答：10 年。

问：达成这一目标，共需要多少钱？

答：1000 万元。

……

问：那么你每年需要赚多少钱？要赚到这些钱，需要做多少业绩？

……

通过类似的方式，引导员工之间报出心目中的那个目标。其中，值得注意的是，目标的制定，既不能过高，也不能过低。过高的目标压死人，过低的目标起不到激励的作用。

二线部门的业绩指标则主要是指 KPI，即关键绩效指标。因为二线部门的业绩很难用数据衡量。在设置指标时，值得重视三点：一是 KPI 指标不宜过多，一般三项就够了；二是二线指标的业绩也是可以衡量的，例如采购部，降下来的成本就是为公司创造的利润，就是他的业绩；三是二线部门的 KPI

制定要围绕一线部门的目标来进行。

在蒙都绩效项目导入和落地实施过程中，我们通过绩效动员大会树立了一个绩效思维：所有的工作，最终的目的都是为了赚钱，为了给企业创造收入，包括当前的收入和未来的收入。譬如研发的投入，尽管不能马上创收，但目的却是为了未来的收入。因此，一线部门是赚钱的部门，二线部门是为了帮助一线部门赚钱。如果二线部门的工作不能帮助一线部门赚钱，那这个工作就是无效的，就没有产生价值。

在这种思维的指导下，我们引导二线部门对自己的工作有了新的认知。以前很多二线部门的员工认为自己是坐办公室的，高高在上，不屑于和一线员工交流；而现在，二线部门开始关心一线的需要。

在绩效辅导之前，蒙都的二线部门主要是拿固定工资的模式。我们在做落地服务的时候，帮助二线部门也制定了自己的 KPI 指标和员工的盈利模式。

对症下药，推动战略落地

绩效管理推行的难点在于，不同的企业经营现状也不尽相同，到底应该从哪里开始推行、应该遵循怎样的流程、过程中需要注意哪些关键点，都是企业经营者和管理者需要考虑的。在蒙都的绩效项目落地实施过程中，十分突出的一点，就是基于蒙都当前绩效推行的难点，设定阶段性的推行重点措施，针对性地解决难点和痛点，让整个项目的推行有条不紊。

尽管蒙都之前建立了绩效管理模块，但其绩效管理仍然存在四个难点（如表 5-3 所示）。

表 5-3　蒙都绩效项目导入与落地实施难点

难点	难点一	难点二	难点三	难点四
表现	开始导入时候思想不统一，并且对这套体系理解得不透彻。	无法掌握有效的工具方法与管理脉络，各自为战，口径不一致。	无法有效分类管理，员工以评估而不是以业绩数据来进行甄别。	无法甄别有效的问题症结。
影响	绩效项目前期推广阻力大。	目标制定讨价还价，没做事先撇清责任。	一定程度上的拉帮结派。	将问题归结于员工执行力的问题。

针对蒙都在 4N 绩效系统推行之前存在的四大难点，我们聚集企业核心价值链，梳理绩效增长难点，对症下药，逐步推行并深化。

统一思想，建立绩效思维

在进入蒙都以后，通过企业实地调研和内部座谈会，我们了解到，蒙都的员工很多是从伊利、蒙牛等企业挖过来的，员工素质整体不错，企业其实是不缺执行力的，但是为什么业绩上不去呢？主要原因在于缺乏系统的绩效思维。

很多中高层管理者都具备一定的绩效管理知识，但战略眼光和体系性很差，看不到大的系统点和衔接点。

因此，实施绩效管理，思想的统一是最重要的，所谓"观念变，天地变，观念不变，原地打转"。要统一思想，就要破旧立新。破旧，即破除旧的思想，破除考核思维，破除传统的惯性思维；立新，即树立绩效增长模式的思想。关于思想观念转变，主要包括以下方面。

- 从语文思维转变为数学思维——汇报表格化。
- 从外向思维转变为内向思维——原因鱼骨图。
- 从任务思维转变为成果思维——评估看结果。
- 从主观思维转变为客观思维——抓客观事实。
- 从消极思维转变为积极思维——弘扬正能量。
- 从碎片思维转变为整体思维——系统性思考。
- 从惰性思维转变为精进思维——主动追求创新。
- 从打工思维转变为主体思维——员工主体化。

绩效是要把"要我做"变为"我要做"。绩效增长是要追求企业赢、员工赢：对企业来说，企业要追求高绩效增长，要有高业绩；对员工来说，个人追求高绩效增长，价值决定价格，作为决定地位。

所谓的工作，都是要为企业的战略目标服务，都是为了给自己创造利润，给自己创造收入。在这种思想的指导下，通过辅导后，企业的中高层能够看到公司的利润点，知道哪些点是要舍去成就公司利润的，哪些是需要向公司争取资源成就自己的。以前不知道高层为什么要那么做，现在知道了，能够用高层的思维去看问题和辅导下面的员工了。

以成果为导向，用数据说话

在绩效辅导之前，公司内部的工作和管理导向上，不是以成果为导向，而是以经历为导向，谁在行业资历深，谁就是标准，谁就想让大家按他的想法来做。

在蒙都内部甚至有三大派别：蒙牛派、伊利派和本土派。曾经，因为这种派别斗争，公司一直无法确定常务副总的人选，因为不管制定谁，另外两派的人就不服。为了协调这种矛盾，公司还特意成立了一个部门——仲裁部，虽然名为仲裁部，但要真正面对各派系领导时，他们谁都不敢管。

与之相应的是，公司各种管理思想的内部争斗不断，从员工到管理层，普遍都缺乏成果思维和数据思维。当有矛盾发生时，大家都据理力争，而不是以事实和数据说话。

为此，我们在绩效项目推行中，针对企业内部管理和关系现状，树立了数据思维和成

【4N 绩效：绩效的力量】

通过 4N 绩效体系的导入和落地实施，激活企业员工，帮助员工实现从"要我做"向"我要做"的转变。

果思维后，原本看似复杂的矛盾，因为有了衡量的标准而得以简化，而这个标准就是数据。所有的业绩和贡献都以数据来衡量，在这种思维的指导下，一些只会拉帮结派和耍嘴皮子的人自然而然地被淘汰或者逐渐被边缘化，有能力、有业绩的人开始脱颖而出，并且掌握话语权，公司面貌焕然一新。

以绩效为导向，成立商学院

绩效学习的大部分课程都是针对中高层的，我们一直都在向企业传达一个理念：思想、工具、方法这些复杂的东西，中高层学会就可以了，员工只要简单、听话、照做，就可以了。

不过，在蒙都绩效辅导和学习的过程中却出现了一个特别的亮点，就是当我们在对企业老板和中高层进行了学习辅导之后，他们觉得这套系统十分有用，有必要让每一个基层员工都学会。因此公司以绩效为导向，成立一个以绩效为课题的商学院。

在这个商学院里，由公司内部员工充当讲师（大部分是已经上过绩效课程，对这套系统比较熟悉的中高层），将有潜力的员工吸入到商学院来，让他们学会绩效的系统思维。

公司原来有一个人事专员，在人力资源岗位上做得还不错，且对绩效管理的理念非常认同，学习意愿很强，公司将他吸入到商学院来。

在理论联系实践的过程中，公司也安排他去各个岗位轮岗，在轮岗的过程中发现他对生产领悟得不错，也特别有成本意识，对财务方面的数据非常敏感，因此开始培养他这方面的潜能。我们刚进去的时候，他只是一个人力专员，后来做到了人力总监，现在已经变成了财务总监。这就是通过商学院挖掘出来的人才。

通过商学院，公司重新发现了很多人才，商学院也成了蒙都企业内部人才储备的重要途径。

运用思维工具，抓部门绩效增长

4N 绩效管理的落地与实施包括四大步骤：目标系统、方法系统、评估系统和激励系统。要将这四大步骤成功落地实施，既需要有心法（思想统一，员工心动），也需要有刀法（方法工具的运用）。

就蒙都而言，尽管企业中高层大都来自行业内的知名企业，掌握着一定的管理知识，但在系统的方法工具这一块，仍然十分欠缺。因此，在绩效系统落地实施这一环节，我们学习和运用绩效工具，抓部门绩效的增长。

目标制定：运用兵棋推演等

所有的目标，根源都是为了实现企业愿景。而实现愿景，不但需要部门间的配合，还需要中短期目标的逐步推进。正如我们一直强调的，目标不是孤立的，而是必须上下贯穿、左右关联。一线部门的目标要盯紧市场，二线部门的目标要盯紧一线部门。团队之间要协作好，最为关键的一环就是目标。因为目标明确，才可以围绕目标去找方法，才可以针对性地调动资源。

我们在蒙都进行绩效辅导的时候，用到的目标制定的表格和工具有很多，并在过程中重点面向全员讲解了兵棋推演。

方法措施：运用鱼骨图等

在我们进行绩效辅导之前，蒙都基本上都是各自为政，中高层基本无沟通，都认为自己是一号人物，工作中需要其他部门去配合时就找老板，遇到问题就互相推卸责任，大事小事都需要老板来协调解决。开会是老板很头疼的事情，因为基本上会议到最后都会变成诉苦会、抱怨会、指责会、自我表彰会。

为此，在绩效辅导中，我们引入了各种表格工具的运用。其中，典型的代表就是鱼骨图。

作为一种寻找问题根源的工具，目标就是鱼头，方法就是鱼刺，在大的骨干鱼刺的基础上还可以分化出小鱼刺，层层深挖，直到找出问题的根源，找出所有的方法。鱼骨图是一个非常实用的方法，特别适合企业中层。

鱼骨图告诉我们，目标都是上下贯穿、左右关联的，每一个部门的输入是上一个部门的输出。

因此，当通过鱼骨图的方式去追根究底的时候，员工的思路就打开了，譬如：原来采购部会觉得晚几天采购没关系，不会影响自己的工作进度，而现在他们知道了，晚几天可能会影响到其他部门的工作进度，那么思考问题的方式就改变了，从本位思考过渡到集体思考。

通过鱼骨图的方式，我们帮助每一个部门重新梳理目标，重新去寻找方法，在寻找方法的过程中，哪些需要其他部门配合，一目了然。需要配合的点，在一开始就会通过表格工具的方式确认下来。一旦出了问题，谁也无法推卸责任。

比如，以前出现准交率的问题，所有人都会推卸责任到生产部，生产部也是有苦难言，

> **【4N 绩效：绩效的力量】**
>
> 一套优秀的绩效体系，不仅仅需要企业老板和中高层管理者学会，更要让每一个基层员工都学会。

而现在通过鱼骨图找到了问题的根源，我们就知道了准交率不只是生产部的问题，还涉及其他的部门和岗位。一旦出了问题，通过对照鱼骨图的执行情况，就可以很容易地找到责任人，谁也无法推卸责任，各部门、各岗位员工的责任感就大大地增强了。

鱼骨图帮助蒙都的很多中高层建立了系统思维，绝大多数部门都实现了两种结果：从原来自己容易做到让团队容易做，从原来自己不犯错的目标达成到达到客户满意的大的市场目标的达成。

企业的绩效上不去，除了执行力的问题，缺少方法也是一大痛点。常规的方法只能达成常规的目标，创新的方法则可以创造高绩效。在落地实施的过程，我们也发现，蒙都部分部门业绩上不去，也与方法不对有关。画鱼骨图后，原来没有想明白的事情想明白了，问题暴露出来了，不是用老的方法应对，而是用新的方法应对，效率自然就上去了。

> 采购部门原来的工作方法是货比三家，但实际上，任何东西都要货比三家反而烦琐，增加了成本。比如买条短裤，原来的成本是5元，货比三家可能要100元。原来一个包装就节约2分钱，做成本管理反而管理上花的成本更多。
>
> 无差别的货比三家还可能得罪优质供应商。因为优质必然优价，倘若完全按照货比三家的原则，可能只能达到低质的原材料，品质得不到保障。
>
> 考虑到这种现实情况，我们围绕大宗支出采购作为成本管控重点，可能100种原材料里，只重点把控20个原材料的成本，剩下那些小额的，不重要的，就不必大费周章。
>
> 同时，我们对供应商进行多维评价，眼睛不单单只盯着价格，

还要看服务、看交期、看诚信、看品质、看企业发展趋势、看企业的市场评价，最后才看价格。保证企业能够获得优质的原材料供应。

此外，还打造了供应商准入系统，保质、保量、保价地做好供应商成本管控系统。

通过方法上的调整，采购部门不仅降低了成本，采购的品质也更有保障。

数据梳理：运用三张地图五张表

蒙都是一家以做牛羊肉熟食为主营业务的企业，该领域市场竞争对手众多，竞争十分激励，因此销售这一环无比重要。在这样一个领域，要做好销售，就一定要有全局眼光，眼睛不仅要向内看，更要向外看，准确把握各种数据，包括市场变动情况、消费者需求变化情况、竞争对手的情况等。这是制胜的关键因素。因此，针对蒙都的实际情况，我们在销售部门引入了"三张地图五张表"。

"三张地图五张表"的内容主要包括：针对经销商统筹大客户精准服务，新客户的立项开发，老客户增量管理，分类、分块、分层进行聚焦销售动作的打造。这一数据梳理工具很好地帮助销售部门理清了思路，其作用是显而易见的。

熟品事业部是蒙都集团压力很大的一个部门，因为熟品是企业的主营业务，在企业的收入和利润中均占有相当重的比重。同时，这个领域也是市场高度竞争的一个领域。

为了扩大市场份额，蒙都原来的思路非常激进，他们认为要想扩大份额,就要去大城市铺点。在过去的几年里,蒙都在北京乱铺点,不仅成本大大地增多,管理的成本和难度也增加。后来,不但管理起来越来越难,业绩也无法上去。点铺得越大,反而越得不偿失。

我们运用相应的图表对其进行数据分析后,发现在他们的销售份额中,北京所占的份额并不是最大的。就投入和产出相比,北京这个城市的投入和产出比非常不理想。通过数据分析,我们给了他们两个建议。

(1)投入精力将大本营做好。内蒙古是企业的大本营,不仅客户的需求较大,而且对展示企业的实力也有很大的作用,因此必须作为重点。

(2)去需求较大的城市铺点。通过数据分析,我们发现,该领域需求较大的城市并非北京,而是上海、成都、广州这些地方。

蒙都根据我们给出的建议改进之后,熟品部的业绩迅速得到了突破,销售和利润都直线上升。

这就是数据的作用。过去在蒙都内部只有一些零散的数据,大家也不知道该如何运用,在做决策的时候,更多的时候是凭感觉。而通过这"三张地图五张表",就可以将数据系统化、全局化,并作为决策的依据。

"三张地图五张表"不只是用在销售领域,它对采购和研发也起到了一定的积极作用。

例如,在蒙都,牛羊肉属于大宗采购,不仅成本较高,而且牛羊肉价格的市场波动较大。我们通过"三张地图五张表",进行牛羊肉的市场预测,按分析结果进行阶段性的进货、储备与使用,来保证采购既跟得上市场需求,又能够把价格根据市场波动控制在最低点。

销售和研发是联动的，通过"三张地图五张表"，一线销售人员可以适时地记录各种市场数据，并将这些数据给到研发部门，也提升了研发部门的工作效率。例如，销售带回竞争对手的爆款信息，客户的需求信息，由于这些信息非常精准（精准到在牛肉干的口味上，内蒙古人和上海人的口味各有什么特点），研发部门的工作更加有针对性。原来研发部门一年最多做6个新产品，现在是一年20多个新产品，且大部分在投入市场之后反响不错。

检查评估：运用行动计划表等

执行能否到位，检查评估很重要。正如我们经常强调的：员工不会做你期待的事情，他们只会做你检查的事情。因此，检查的频率往往等同于企业的执行力。同时，检查评估还是发现问题、纠正问题、持续改进的关键。在蒙都的绩效项目检查评估这一环节，我们重点关注两个方面：行动计划表和绩效会议。

通过将达成目标的行动细化成行动计划表，部门领导每天对照行动计划表，检查当天的完成情况，绩效专员盯着做二次核查。通过这种方式，领导盯员工，绩效专员盯领导，对照行动计划表，看领导对下属的检查有没有到位，在公司群里公布每天的检查结果。做到"事事有人盯，事事有人管，事事有结果"。

蒙都绩效项目推行中，其绩效会议主要包括晨会、夕会、周绩效会议、月绩效会议。通过绩效会议，可以发现人的特长，将他放到更合适的岗位上。在绩效会议对照结果的过程中，也可以清晰地看到员工的工作成果，实现人才的发现和淘汰。

例如，在蒙都绩效项目会议中，通过新上任的一位20多岁的年轻人，替换下原来 50 多岁的设备总监，最后在其带领下，绩效得到了大幅提升。无独有偶，另一位原来担任仓库总管的，通过绩效会议的检查评估，成功地发现了他潜在的才能，现在已经转到了生鲜部门，出任生产经理。

蒙都绩效辅导的成果及变化

4N 绩效对于蒙都绩效辅导的成果与变化，我们可以归纳为以下四个方面。

一、企业人才的优胜劣汰和人才结构的优化

蒙都在绩效实施的过程中，淘汰了许多不合适的人，也提拔了很多潜在的人才，同时对人才的岗位也做出了一些调整，将人才放到了更合适的位置上。虽然公司人员总数下降了将近三分之一，但在工作、项目的开展和推动上，也没觉得缺人，公司的销售收入和利润反而增加了，留下来的员工整体收入也增加了，可谓皆大欢喜。

二、管理效率得到提升

经过 4N 绩效辅导之后，公司形成了目标、措施、检查、激励的闭环系统，且每个系统都有相应的工具，全体员工都形成了结果思维和数据思维，管理有重点、工作有条理，老板、中高层和员工各司其职，部门之间配合默契，管理效率大大提升。

三、打造学习型组织

在经过绩效辅导之后，不仅全体中高层都掌握了战略思维、系统思维，也掌握了相关的工具，很多基层员工也养成了"工作必有目标，无目标不工作"的习惯，全体员工不仅在思维上有了重大的转变，工作积极性提高，也掌握了系统的工具和方法，能力得到了大幅提升。

更重要的，在系统和工具的基础之上，公司内部形成了良好的学习氛围，中层带基层，新员工带老员工都变得更加简单，绩效系统不仅挖掘了一大批潜在的人才，也便于企业复制人才。蒙都内部还成立了绩效商学院，将学习的习惯固化了下来，商学院成为公司内部选拔成才的重要渠道之一，学习型组织已经初步形成。

四、企业文化的改变

企业管理帮助蒙都建立了新的企业文化，其中最值得一提的就是务实的文化和持续改进的文化。

经过绩效辅导之后，企业内部形成了结果思维和数据思维，并逐步形成了务实的企业文化，所有人凭本事吃饭，靠业绩说话，优秀的员工脱颖而出，不合适的员工被边缘化或是淘汰，公司面貌焕然一新。

此外，蒙都内部还形成了持续改进的企业文化。蒙都内部设计了绩效委员会和绩效专员，企业每个月大约有 500 条改善计划，绩效专员对照行动计划表每天检查完成率，做到的会给予奖励，做不到的当场处罚，及时兑现。

练习思考

1. 企业绩效管理中的目标体系，最终是为企业战略发展服务的，结合蒙都将目标体系与企业战略布局的措施和方法，思考一下，你的企业可以从哪些方面入手？

_____

_____

2. 企业的绩效系统要落地实施，从绩效思维到成果导向，再到学习机制都十分重要，结合你企业的目前情况，哪些方面已经实施，其他方面需要如何改善？

_____

_____

3. 企业绩效管理的实施，离不开绩效管理工具的学习和运用，尤其是对于企业管理层和员工，能否在绩效管理工具和方法论上达成统一的认知，关系到后续落地与实施。仔细思考一下，目前你的企业中常用的绩效管理工具有哪些，结合本章内容，还有哪些需要优化和完善的？

_____

_____

第六章

响箭重工：以绩效策略重塑人才管理

响箭重工案例要点导读

　　企业绩效管理需要企业人才管理的支持，但对于人才管理机制来说，随着企业绩效管理的不断优化和完善，也能不断促进机制的优化和完善。

　　在响箭的绩效项目案例中，我们将从以下两个方面，着重分析和讲解。

　　一、立足于企业战略和人才管理，以此为核心，制定绩效策略

　　任何管理策略的制定，都应该以企业战略为核心，以企业的人才管理为核心，这就要求企业既要在现有的管理体系和战略上不断优化策略，又要在不同的策略制定、执行与落地中不断发现现有的问题并加以完善。在响箭重工绩效项目推行中，就很好地利用 4N 绩效系统对企业现有的人才机制进行了梳理，并以此制定策略对人才结构进行优化和调整。

　　二、通过重塑绩效意识，帮助员工走出绩效误区，并设计员工盈利模式

　　对于企业来说，绩效管理对员工的激活与激励，其最终的目标是激发员工的潜能，正如员工激励的本质一样，自我激励才是最好的激励。在响箭重工绩效项目推行中，通过员工盈利模式的设计，响箭重工通过 4N 绩效系统的导入和落地实施，真正实现了"让员工爱上绩效，主动创造高绩效"。

从人才管理出发，制定绩效策略

　　湖南响箭重工集团（以下简称响箭重工）成立于 2008 年 8 月，总部坐落于中国工程机械之乡——湖南常德高新技术产业园，总投资 3 亿元，公司总占地面积 70000 平方米，拥有研发专家 160 余人，其中本科、博士、硕士学历者占比 80%，均曾是中联重科、三一重工、科大讯飞、华为、腾讯等知名企业的专家、教授、技术带头人。

　　响箭重工一直实行军事化管理、学习化管理、家庭化管理，立志 5 年内将打造常德首家上市的工业企业，10 年内完成全球小臂架泵车智能制造行业领先者的目标，是一家致力于为各行业客户提供机、电、液一体化智能制造装备成套解决方案的机械行业领先企业。

　　在响箭重工绩效项目实施之前，项目组与响箭重工相关负责人员进行了相应的调研和座谈。由于公司原来是一家国企做派很浓的企业，存在许多压抑员工积极性和创造性的制度，例如，重资历、重形式、层级多等。从企业员工的层面来说，这导致普通员工的努力无法让领导看到，也无法获得相应的回报，因此积极性不高。

　　基于响箭重工对人才一贯的重视和关注，整个绩效项目的开展，在以企业战略为核心方向和指导的基础上，我们进一步围绕响箭重工的人才管理，在绩效策略制定上，进行了优化和调整，如图 6-1 所示，具体分为四个策略。

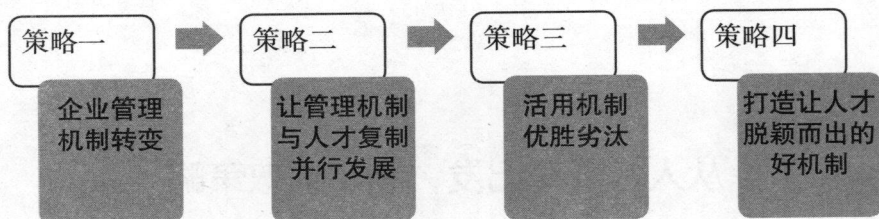

图 6-1　响箭重工绩效项目推行中人才管理的四大策略

转变企业管理机制

由于重形式，导致企业里出现了很多"嘴把式"，很多管理层讲起来都是头头是道，但是执行起来，效果却总是不尽人意，很多好的制度和方法，落实到最后都成了走形式，出了问题就互相推诿责任，导致效率一直上不去。在做绩效之前，公司常常陷入"没有订单愁订单，有了订单愁生产"的尴尬局面。老板十分着急，认为"人才难寻"。

"人才难寻"，是很多企业经营者和管理者都非常头疼的事情。其实，好的人才从来都不在招聘市场上，也不是单纯地依靠高薪就能砸来的。一些企业花重金从外面引入人才，却出现水土不服的情况，最后绩效不仅没有上去，还影响到原有的团队，这样的例子并不少见。

响箭重工并非缺人，也不是缺人才，只是由于缺乏好的管理机制，很多员工原本能出十分力，结果只出了五分力，大量员工潜能都没有得到激发。一旦有了好的机制，很多原本受到压抑的人才都可以显现出来。

管理机制与人才复制并行发展

好的人才还需要有好的机制，机制好了，不仅好的人才可以脱颖而出，而且还可以实现人才的复制。

针对响箭重工，我们提出了管理机制与人才复制并行发展的思路。首先我们让全体员工明确：我们所讲的绩效，不是简单地打分、扣工资，而是要挖潜能、增利润。是要把"要我做"变为"我要做"，是要追求企业赢、员工赢。对企业来说：企业要追求高绩效增长，要有高业绩；对员工来说：个人追求高绩效增长，价值决定收入。

4N绩效可以做到员工和企业的双赢，就是在于它能够通过机制固化员工的行为，并养成习惯，从而打造高绩效员工并实现人才复制。具体说来，4N绩效就是：

- 确立清晰的目标管理系统；
- 挖掘潜能的措施实施系统；
- 及时改进的评估健康系统；
- 赏罚分明的激励系统。

通过这四大系统，可以培养员工以下工作习惯。

1. 养成目标导向的工作习惯。凡事必谈目标，年度目标、月度目标、周目标、日目标，工作要有目标，开会也要有目标，无目标不成事，无目标不谈工作。

【4N绩效：绩效的力量】

4N绩效系统下企业与员工的双赢是：企业要追求高绩效增长，要有高业绩；对员工来说：个人追求高绩效增长，价值决定收入。

2. 数据说话的工作习惯。不是大概、或许、差不多，不是语文管理，而是成果导向，数据说话，一切拿数据证明。

3. 及时检查的工作习惯。员工不会做你期望的事，只会做你检查的事。检查力决定执行力。

4. 奖罚分明的工作习惯。干好了奖，干不好改进，持续干不好兑现自我承诺，奖罚分明，及时兑现。

一旦有了好的制度，员工简单听话、照做，想不成长都难。优秀的员工不断成长，无法适应制度的员工会自动淘汰，人才结构自然越来越优化。最关键的是，机制一旦形成，最终可以实现自动运转，因此它不仅可以培养成才，还可以实现人才的复制。

活用机制，优胜劣汰

机制就是目标机制、激励机制、方法机制、检查机制等，这些机制都要用工具去帮助落地具体的动作和用到的工具。

在 4N 绩效的落地过程中，由于我们明确了目标，找到了正确的方法措施，有相应的检查措施，还有对应的激励，且每一个过程都有相应的图表呈现，结果通过数据说话，在这套机制下，员工做得好、做不好都一目了然，做好了有奖励，做不好有处罚，一些不合格的员工自然而然就被淘汰掉了。

在辅导过程中，响箭重工通过机制淘汰掉了一个研发经理。这位研发经理的学历和资历都是不错的，但在实施绩效落地的过程中，这位研发经理的主动性不强，工作的时候避重就轻，不愿意去承担责任。

响箭重工绩效导入之前，这位研发经理的学历和资历的光环掩盖了这些缺点，其以往的工作无功无过，也没有出现过大的失误，所以问题一直没有暴露出来。

但导入 4N 绩效系统之后，由于管理更加有的放矢了，各个环节和流程更加明朗了，一些被掩盖的问题就迅速暴露出来了。

由于他的领导工作没有做好，其所在的技术部门的效率一直上不来，远远落后于其他部门，甚至因为他的原因，还影响到了一些相关联部门的工作进展。

为了解决这个问题，我们很快就从他的下属中提拔了一个项目经理，提上来以后，这个项目经理的效率是原来这个技术经理的三倍。所以我们会发现，其实每个企业都是有人才的，只是因为没有出头之日，好的人才被埋没了。

如表 6-1、表 6-2 所示，分别是响箭重工月度目标达成率图表以及得失分析表。

表 6-1　响箭重工月度目标评估表

目标	10月份				11月份	
	上月目标	实际完成	差异	目标完成	原计划目标	调整目标
错漏检≤1次	1次	0次	−1次	100%	≤1次	≤1次
检验及时率100%	100%	100%	0	100%	100%	100%
整车出厂合格率100%	出厂26台	合格24台	−2次	92.3%	100%	100%

表 6-2　得失分析—出厂合格率未达成原因分析表

序号	质量原因	次数	占比	问题人员
1	液压问题	7	58.33%	采购室
2	用户原因	2	16.67%	售后
3	制造问题	2	16.67%	装配班组
4	电气问题	1	8.33%	采购室

　　根据分析的原因，响箭重工为了使出场率合格，用鱼骨图分析给出了以下的对策（如图 6-2 所示）。

　　在实施绩效管理的过程中，人才的淘汰是一个自然而然的过程。我们首先让员工感觉到"这是一个能够靠本事吃饭的平台"，把资历、学历、人情、关系都放到一边，一切靠业绩说话，业绩不好的，就滞留或者降级，或者是调换到不重要的岗位上去。有些员工因为业绩不理想觉得没面子，他自己都走了。

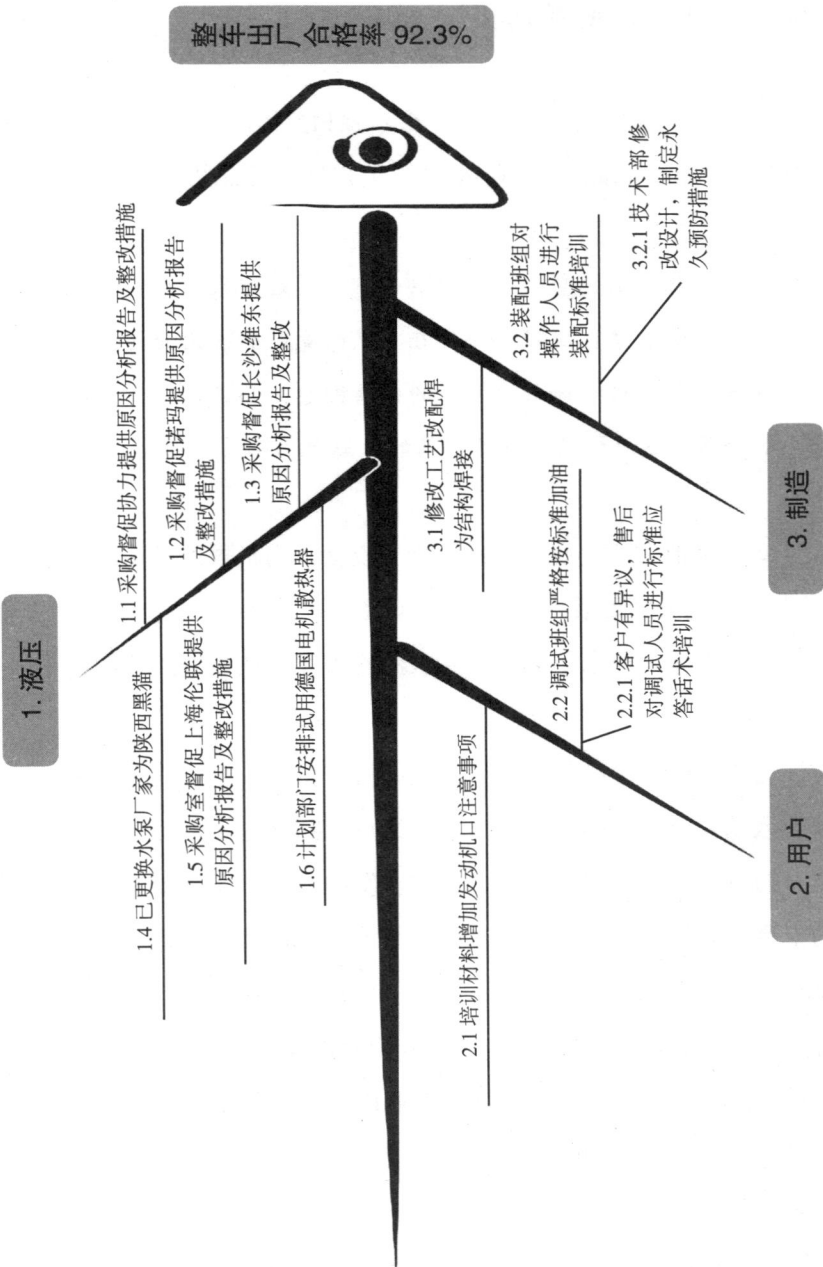

整车出厂合格率 92.3%

1. 液压

1.1 采购督促力提供原因分析报告及整改措施

1.2 采购督促诺玛提供原因分析报告及整改措施

1.3 采购督促长沙维东提供原因分析报告及整改

1.4 已更换水泵厂家为陕西黑猫

1.5 采购室督促上海伦联提供原因分析报告及整改措施

1.6 计划部门安排试用德国电机散热器

3. 制造

3.1 修改工艺改配焊为结构焊接

3.2 装配班组对操作人员进行装配标准培训

3.2.1 技术部修改设计，制定永久预防措施

2. 用户

2.1 培训材料增加发动机口注意事项

2.2 调试班组严格按标准加油

2.2.1 客户有异议，售后对调试人员进行标准应答话术培训

图 6-2 得失分析－出厂合格率达成对策分析

打造好机制，让人才脱颖而出

在 4N 绩效的实施过程中，由于每一个步骤和流程都清清楚楚，所有的工作结果都有数据呈现，因此一些高绩效员工很容易脱颖而出。

> 响箭重工原来有销售一部和销售二部，通过这次绩效辅导，原来不被看好的销售总监脱颖而出，在年底的竞聘会上用业绩说话，用数字说话，顺理成章地成为公司的销售副总，而这时距离他进入公司才 8 个月。这在过去是不敢想象的，他自己都没有想到。

这就是绩效所带来的改变。不再以资历说话，也不再以所谓的原来的光环说话，而是全部用业绩说话，一切成绩数据说了算，市场说了算，客户说了算，可以不拘一格降人才，原来不显山不露水的真人才，在绩效落地的过程中都得以显现。

同时，这些优秀员工的脱颖而出，他们所获得的荣誉，如升职加薪等，也反过来会激励公司其他的员工，大家开始意识到这是一个凭能力吃饭的平台，有能力的员工就有了出头之日，更加奋发向上。就像这个销售副总，他现在干劲十足，做得非常好，2018 年的 230 台销售业绩中，有一大半基本上都是在他的领导下完成的。

随着高绩效员工的不断涌现，企业的业绩增长也非常快。通过绩效管理，这家企业也成为行业中的一匹黑马，如今业内最知名的中联和三一重工，都会把都把这家企业作为他们的一个核心竞争对手，这家企业规模并不大，一年大概才做三亿元左右，而中联和三一都是一年做几百亿元的大企业，为什么要把它列为重要的竞争对手呢？就是因为看到了他们的发展势头非常快的。

设计员工盈利模式

绩效要想落地，关键是要让员工看到绩效的好处，责权利必须一致。员工是绩效方案的执行者，没有员工的积极参与，再好的方案也会沦为摆设。

但我们必须明白，人性的特点是只愿意做对自己有好处的事情。所以，想要绩效系统能够顺利实施，首先要告诉员工，他能从这套系统中得到什么好处。我们将这个过程称之为"设计员工的盈利模式"。在不同的企业里，员工收入结构可能千差万别，其模式主要有四种（如表6-3所示）。

表6-3　常见的企业员工收入结构模式

序号	模式名称	具体描述
模式一	固定工资模式	在很多企业里，大多数岗位都是这种模式。
模式二	固定工资＋奖金模式	这里虽然加入了奖金的模式，但总体来讲形式比较单一，比如全勤奖，优秀员工奖等，这种奖励模式很多企业都有，但是要么做成了"大锅饭"人人有份，要么就是只有极其少数的人能参与，比如优秀员工的名额连1%都不到，还是领导提名和决定的，一些平常不在领导面前露脸的基层员工想都不敢想，直接忽略。因此这样的模式可以员工有一些激励，但激励的效果十分有限。
模式三	固定工资＋绩效工资（提成）模式	许多企业都有这样的收入分配模式，但大都只是针对业务部门，比如很多公司的销售＋提成的模式。

续表

序号	模式名称	具体描述
模式四	固定工资＋绩效工资＋利润分成（包括股权）	这种模式下，员工可以从两个地方赚钱，一是作为劳动者，从工资和绩效工资里赚钱，二是作为股东，从利润分成里赚钱。这种模式对员工的激励非常明显，但是这种模式做不好也容易出现一个弊端，就是利益分成容易做成利润均沾。因此这种模式一定是要配合绩效贡献来做，否则将容易起到反效果。

这里的员工盈利模式，就是通过绩效实现企业利润的增长，并将增长的利润合理地分配一部分给员工。企业经营者和管理者需要注意的是，设计员工盈利模式的关键，是要做到"让企业多赚钱，让员工多赚钱"，也就是双赢局面。而非在员工 4000 元工资的基础上，先将工资降为 3000 元，再拿 1000 元做绩效，这不叫做绩效，这叫变相扣钱。

那么，如何设计员工的盈利模式呢？

在响箭重工引入绩效项目之前，一线工人和二线部门的员工普遍都是拿基本工资，而在调研会期间，员工就曾普遍表示，干得好与坏差别不是太大。

如图 6-3 所示，在响箭重工绩效项目的员工盈利模式设计中，我们提出从两个方面增加员工的收入：一是创造利润，将利润的一部分分配给员工；二是降低成本，节省下来的成本拿出一部分分配给员工。

其中，一个车间原来的损耗率超过 1%，现在降为 0，每年能为企业节省 200 万元的成本，那么这 200 万元当中拿出 50 万元人作为绩效奖励分配给员工，这样车间的工人可以多赚钱，企业节省了成本，也相当于是增加了利润。

创 造 利 润　　增加员工收入　　降 低 成 本

图 6-3　响箭重工绩效项目中员工盈利模式设计参考要点

同样，针对公司产品准交率的问题而造成赔偿和丢失订单，大约每年的损失超过 200 万元。在做绩效落地的时候，我们重点抓准交率的问题，把涉及准交率的部门和员工都找出来，一一制定绩效指标：如果当年准交率 100%，就把这 200 万元的一部分拿出来作为绩效奖金，按照之前设定好的目标达成情况，分配给相关员工。

当我们提出这样的思路时，很多员工都眼前一亮，原本认为自己的工作没有多大价值，但因为员工盈利模式的设计，员工不仅愿意去为了更高的收入而奋斗，更重要的是，他们意识到了自己工作的价值，荣誉感也大大提升，工作起来劲头十足，觉得是在为自己赚钱，自然就对绩效管理从抵触到欢迎。

响箭重工绩效项目成功关键

响箭重工绩效导入是为了提高效能,实现利润的成倍增长,加快企业发展。即在同样的人的情况下,效能快速提升;在同产值的情况下,利润得到提升;在保证同利润的情况下,最大限度地缩短产品周期时间。

通过系统导入 4N 绩效系统,响箭重工以绩效策略重塑了对人才的管理。

一、立足于企业人才管理,运用绩效管理优化企业人才体系和员工效能

在管理层的统一培训和宣贯之后,员工们对绩效管理的统一认知、积极主动的绩效思维,再加上在目标制定阶段运用鱼骨图将相应的绩效策略一一到位,在员工效能提升上十分明显。

同时,由于配合企业人才管理体系开展,在提升员工绩效的过程中,也注重对公司优秀人才的发掘与培养,为人才体系的建设助力不少。

二、企业中高层管理思维的转变,促进部门联动效应

由于 4N 绩效系统的导入和推行,确实为产出中心帮助巨大,也带动公司高管层实现自我管理思维的突破,并由此带动所有中层管理,进而带动全员绩效参与。促使企业内部各部门之间工作思路清晰,行动计划实现 100% 完成率,同时也极大地增强了不同部门之间的协作和联动。

练习思考

1. 结合本章中响箭重工的绩效导入和实施，你的企业绩效管理推行中，针对企业人才管理，制定了哪些策略，其实施效果如何，还需要怎样的完善？

_____

_____

2. 企业战略目标的达成，离不开基层员工的执行和支持，为此，如何通过动员大会和绩效学习，让员工走出绩效认知误区，借助绩效管为员工设计盈利模式就很有必要，你的企业可以从中得到哪些启发和借鉴？

_____

_____

3. 正如响箭重工的绩效项目推行中，针对不同部门之间的协作和团队执行力的打造，采用统一目标、统一绩效思维、统一绩效认知等方式，充分运用绩效管理工，让组织效能得以提升。你的企业在这一方面采取了哪些相应措施，效果如何，还有哪些需要改进的地方？

_____

_____

第七章

倍舒特：『标杆化』推动绩效学习落地到系统优化

倍舒特案例要点导读

在导入 4N 绩效系统前，倍舒特已经搭建了初始的绩效管理体系，但仍不完善（例如评估检查机制、激励机制等）。因此，在倍舒特导入和实施 4N 绩效项目中，我们重点围绕企业绩效系统的完善进行展开。

倍舒特绩效项目落地实施可分为三个阶段，本章主要围绕每一个阶段的核心，分析倍舒特是如何通过"标杆化"推动绩效学习落地到系统优化的。

一、树标杆阶段：划分单元，树立试点标杆

倍舒特绩效项目正式全面推行之后，我们更多的是引导企业一把手和管理层，运用系统性的思维去看待整个项目的开展，因而最终的目标是在确保企业战略达成的同时，实现整个绩效系统的搭建、运转和优化，在这一过程中，标杆化管理起到了重要的作用。在第一阶段，主要是打造标杆效应，通过树立标杆带动更多企业员工与部门逐步加入绩效项目。

二、降成本阶段：提升利润，打造降成本标杆

在第二阶段，倍舒特将绩效目标的重点锁定为降低成本，通过增强公司内部不同部门之间的协作与联动，激活企业的产、供、销，实现产、供、销联动。

三、系统优化阶段：持续系统优化，树立行业标杆

在第三阶段，倍舒特通过一系列措施进一步深化绩效项目，可概括为"一优化、两坚持、一提升"。

划分单元，树立试点标杆

倍舒特企业（以下简称倍舒特）成立于 1994 年，坐落于北京市密云经济开发区。工厂占地面积 47000 平方米，建筑面积 27000 平方米，洁净车间10000 平方米，主要有卫生巾、护垫、婴儿及成人尿片和尿裤、成人失禁垫、医用护理垫等系列产品，现有生产线 16 条，员工 300 多人，拥有商标"倍舒特"、英文商标"Bestee"、医用品牌"捷护佳"。

倍舒特产品品牌已进入全国一线城市的沃尔玛、家乐福、易初莲花、欧尚等 21 家国际大卖场，遍布北方 90% 以上的县级市场。倍舒特一贯重视人才的培养与发展，通过与专业咨询公司合作，全力打造一支专业的管理团队，专注医疗卫生用品的研发与生产，不断推进精益化管理，打造精益求精的工匠精神。

在 4N 绩效导入之前，倍舒特在绩效管理方面，主要有两个特征（如图 7–1所示）。

现状一：绩效有雏形，但不系统

· 在与世界 500 强的合作中奠定了一定基础
· 在绩效管理上有措施有方法，但不系统，比较零碎

现状二：绩效管理的适宜性和科学性有待验证

· 中、高层绩效管理很少检查适宜性、科学性
· 中层绩效管理空白

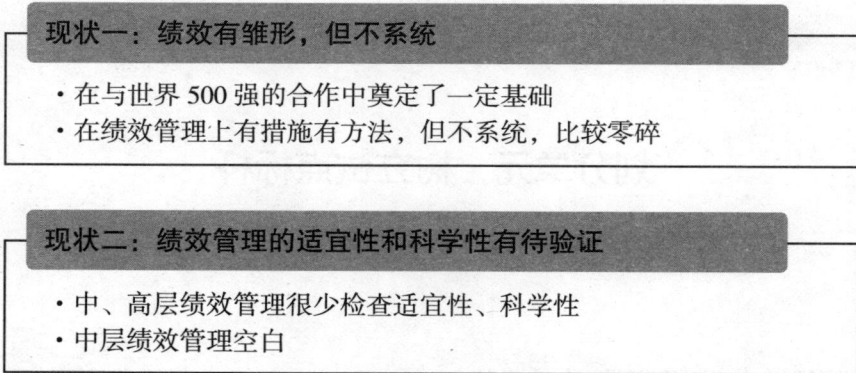

图 7-1　倍舒特在 4N 绩效导入之前的绩效管理现状

通过与倍舒特高管的沟通，项目导师针对倍舒特绩效项目实施，所面临的痛点逐一进行分析，总结为三个要点（如图 7-2 所示）。

第一，人工成本逐年上涨，利润空间大幅压缩，企业需要从粗放式经营到精细化管理转变，如何提高员工积极性，提升工作效率，成为制造企业销售和生产的共同难题。

第二，外在竞争越来越激烈，面临国际一线品牌竞争，如何在乱阵之中实现突围，战略选择是核心，而战略执行是关键，倍舒特的发展必须要求打造一支快速反应战斗力强的队伍。

第三，生产系统一线部门好考核，但是生产管理者、二线部门如何进行绩效评估，成为众多企业绩效管理的难点，倍舒特同样面临这个问题。如何从常规职责考核到寻找新的利润增长点，如何调动员工去不断改善，把长期的坚持变成一种习惯，也是管理者们必须要思考和突破的难点。

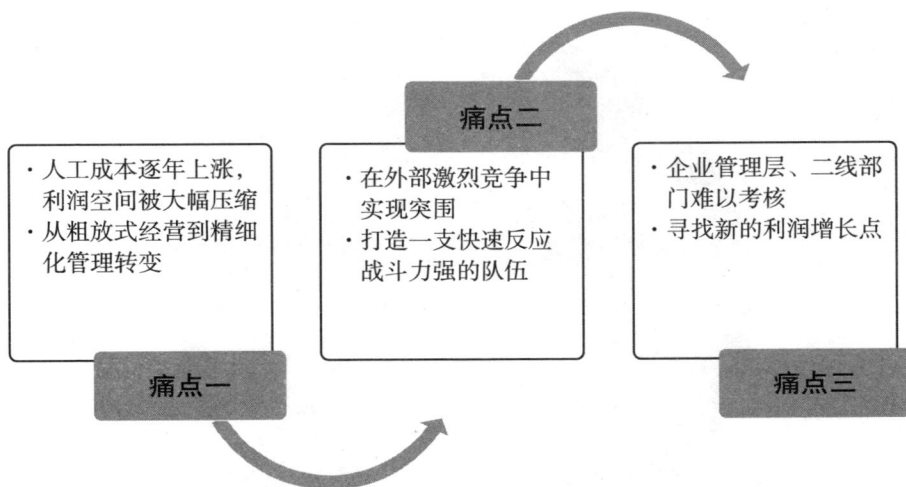

图 7-2　倍舒特绩效项目实施的三个痛点

结合绩效项目导入之前的绩效管理现状收集，以及企业经营者与高管对绩效管理难点和疑点的陈述，我们将其绩效管理的落地实施分成三个阶段（如图 7-3 所示）。

其中，针对不同的阶段，我们也确立了相应的实施周期，具体从 2015 年到 2017 年，以年度为单位，分为三个时间段，针对每一个阶段，又进一步制定并采取相应的策略和措施。

图 7-3　倍舒特绩效项目落地实施的三个阶段

第一个阶段是树标杆阶段，划分小单元，开始树立标杆。

　　在进行培训前，我们召开绩效培训准备会，要求管理者带着问题去培训，带着成果回来。准备会之后，董事长多次带队参加绩效增长模式的培训，由公司高管、部门经理到一线主管分批进行培训。在培训过程中，我们举办绩效增长知识竞赛，要求人人参与，现场竞答，绩效观念深入骨髓。

这一阶段主要是在 2015 年，基于前期大量的绩效培训与思想工作开展的基础上，结合倍舒特企业经营和发展的实际情况，4N 绩效项目导师与倍舒特进行充分的沟通，确定打造标杆效应，通过树立标杆带动更多员工与部门逐步加入绩效项目。

在推行的过程中，一个先行试点的部门，我们将其部门的业绩曲线和期间的业绩相关、工资相关等数据都清晰地呈现在看板上。

这样一来，其部门业绩变化和工资数据变化就十分直观和清楚。所以，当所有人都发先在过去的几个月中，这个部门的人均工资上涨了近三分之一，因此也都按捺不住，纷纷向各自部门主管和领导申请推行绩效管理。

在这一过程中，先行试点的部门自然也就成了公司内部的标杆部门，起到了良好的带头和示范作用。

因此，我们首先结合前期的绩效培训与思想动员工作中，对不同部门之间员工的观察和分析，决定从最容易出成绩的地方入手，这也就意味着一线部门将是我们最好的选择。

最终，在锁定一线生产部门之后，我们进一步以车间为单位，将其划分为小单元，同时导入措施与方法，树立标杆车间。

提升利润，打造降成本标杆

第二阶段是降成本阶段：打造降成本标杆，提升利润。

2016 年，经过第一阶段的标杆树立，在倍舒特绩效项目的参与上，员工也逐渐被带动起来，从原有的员工个人之间，逐步扩散到企业中的不同部门之间（如图 7-4 所示）。

图 7-4　倍舒特绩效项目实现联动的三个阶段

在这一阶段，我们将绩效目标的重点锁定到成本的降低上，通过增强公司内部不同部门之间的协作与联动，将企业的产、供、销激活，实现产、供、销联动。

在 4N 绩效落地过程中，也有一些趣的故事。为了使绩效工作更深入人心，每年年初每个部门绩效方案经过三上三下的质询后，最终落地方案都会进行签字上墙，为了更有仪式感，每人发放红围巾一条，寓意红红火火，每个人的绩效指标都要"一张纸看明白，三分钟讲清楚"。

随着全体员工的动员深入，在这一过程中，我们也进一步对公司的成本系统进行梳理，推动不同部门之间联动起来，共降成本，提升企业经营的毛利润率。通过这一阶段的举措，最终实现 2016 年毛利润率比 2015 年增长50%。

树立行业标杆，持续系统优化

第三阶段是系统优化阶段，通过树立行业标杆，持续系统优化。

经过第一阶段的标杆树立和第二阶段的成本降低，企业内部绩效基础已经确立，绩效系统也初步建立，这为接下来的全面绩效应用做好了充分准备。2017年，倍舒特绩效项目的落地实施也进入到第三阶段，即系统优化阶段。倍舒特绩效项目落地实施的第三阶段，我们可以用"一优化、两坚持、一提升"来一言概之（如图7-5所示）。

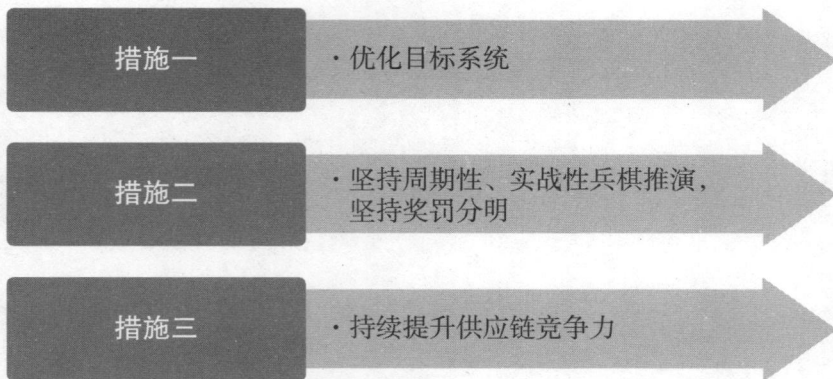

措施一	·优化目标系统
措施二	·坚持周期性、实战性兵棋推演，坚持奖罚分明
措施三	·持续提升供应链竞争力

图7-5　倍舒特绩效项目落地实施第三阶段主要措施

倍舒特的老板，从 2015 年开始参加我的课程，之后与 4N 绩效合作，每年三次带领她的团队来听我的课程，每年都参加 4N 绩效的周年庆，分享倍舒特的学习成果。

2018 年，倍舒特在增长过程中有一个非常大的亮点。当时倍舒特正与国外企业衔接，面临着三个月转换 10 多个品种的任务，时间非常紧急。通过一系列的努力，倍舒特整个团队在下半年实现了单品 5000 万～6000 万的增长。

在这个过程中，倍舒特团队将绩效系统无差别的落地，即"零差错，零缺陷"。经过这番磨炼，倍舒特团队快速成长。

绩效不是一次性的学习和落地。通过每年回来复训或者参加相关活动，带着团队每年复盘、升级，能够通过系统性优化，真正把企业打造为持续的行业标杆。很多企业将绩效落地当成一个课程，学过之后就不再有后续，或者学过之后只是针对当下的情况抓了一个落地的试点，但是并没有重视每年持续学习、升级、优化，因此也无法真正助推企业的持续性增长。这也正是倍舒特每年参加我们课程的原因。

在以往企业的绩效项目辅导中，我们经常发现这样的问题，不少企业在引入绩效管理上，要么因为对绩效管理认知不到位，而仅仅停留在绩效考核的层面；要么因为充分认识到绩效管理对企业发展的价值而盲目地全面引入绩效管理，最后不得不面对铩羽而归的结局。究其原因，其实，和任何事物发展的规律一样，企业的绩效管理同样是一个循序渐进的过程，企业在推行的过程中，也应像目标管理一样，对不同阶段的绩效管理，设定清晰的目标和措施。

通过在绩效管理的落地实施三个阶段设置不同的目标，倍舒特成功以"标杆化"推动绩效学习落地到系统优化。

倍舒特绩效项目成功关键

从倍舒特股份众多板块推进绩效系统的项目整体导入和实施来看，其成功的关键点主要有以下三个方面（如图 7-6 所示）。

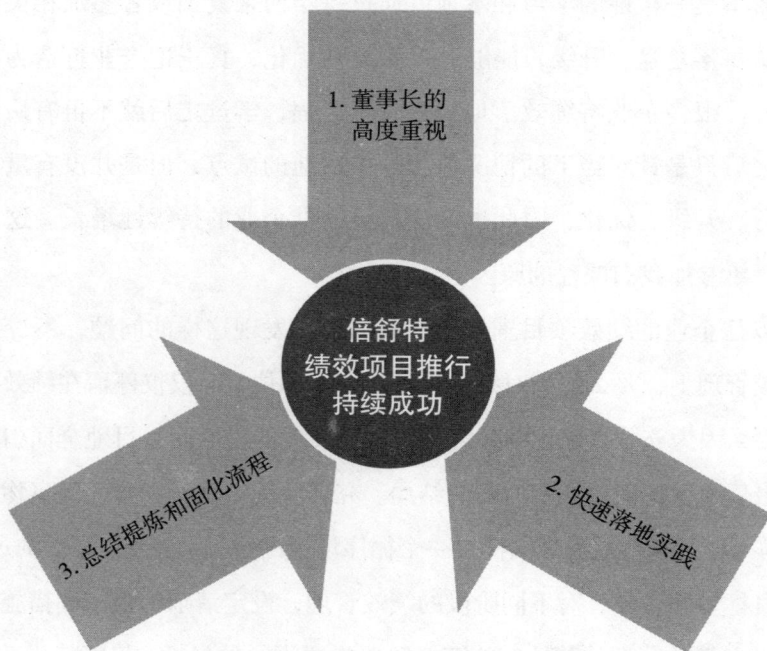

图 7-6　倍舒特绩效项目成功的三个关键点

一、董事长的高度重视

从接触绩效模式到实际落地运转，公司董事长在不到三年的时间里连续五次带队全程参与江老师课程学习，课堂研讨，课后作业，带着问题来，带着成果走。

二、快速落地实践

倍舒特落地绩效模式，遵循有重点、有次序、有效果的原则。

首先，有重点，不追求大而全，而是牢牢抓住"激发员工潜能，提高工作效率，提升企业效益"这个落地原则，从寻找利润增长点开始，通过内外对标，找到绩效改进点暨利润增长点。

其次，有次序，先一线后二线原则，从一线绩效增长入手，围绕一线绩效增长找方法措施，同时二线部门要支持一线的资源是什么？要为一线打胜仗做哪些准备？一线部门的需求就是二线部门的目标。按照先后次序，分批重点突破。

最后，有效果，不做"半拉子工程"，一件事抓到底。

三、总结提炼和固化流程

倍舒特绩效落地不是重新再搞一套管理系统，而是围绕其自身的精益化管理、对标管理系统等，在既有管理基础上添砖加瓦，博采众家之长，为我所用。通过不断的总结、提炼，固化流程，优化流程等，让企业的生产销售逐步领先和超越同行。

练习思考

1. 企业绩效管理的推动与落地，既离不开一把手的足够重视，更离不开企业管理层的全面推动。在你的企业绩效管理推行中，为此都做了哪些准备，还有哪些方面可以完善？

_____

_____

2. 企业的绩效管理，最终都要落实到对企业战略目标的达成上，因而是一个成果导向型的过程，在相应的绩效学习机制的设计上，也应该遵循成果导向。结合倍舒特绩效项目实践，你的企业可以从哪些方面着手绩效学习？

_____

_____

3. 对于企业绩效管理来说，绩效系统的搭建和确立，只是第一步，如何让整个系统顺利运转、持续运转才是关键。结合本章中倍舒特的标杆化管理实践，思考你的企业接下来可以如何有效地推动绩效系统的了良好运转？

_____

_____

4. 企业绩效系统的落地实施和持续优化，离不开相应的绩效检查和评估激励，你的企业目前做得较好的有哪些，下一步还可以如何改善？

_____

_____

系统篇

在人工智能时代，企业绩效增长的经营，一方面，需要企业直面并消除阻碍绩效落地的五大障碍；另一方面，也需要企业不断进行内部升级和迭代，有效利用人工智能时代的优势和特点，为企业绩效增长注入新的活力与动力。

随着中国经济从迅速发展过渡到平稳阶段，产业结构升级，产能更新换代，中国企业面临新一轮的调整和转型，从"中国制造"到"中国智造"再到"中国创造"，需要的不仅仅是生产技术的革新与突破，更是要企业管理体系的成熟与发展。

4N绩效作为中国绩效管理实效第一品牌，也正是基于这一历史使命，多年的专业积累与积淀，已经推动一批又一批中国企业实现卓越的绩效管理，成为国内绩效管理系统解决方案提供的领航者。

正是基于对广大中国企业持之以恒的支持和共同进步，4N绩效也将自己多年以来对中国企业绩效管理的发展趋势和观察，与广大企业一一分享，以期为企业家、经营者和管理层提供一些借鉴和参考。

第八章

4Z 绩效增长与落地

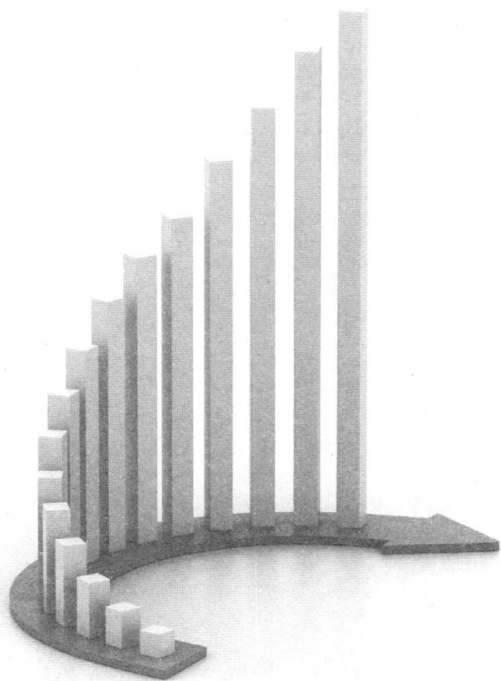

4N 绩效体系

以上企业的实战案例，背后是 4N 绩效体系的支撑，所有企业都可以借鉴 4N 绩效体系，要抓住"一个中心""三大根本""四大步骤""十四项法则"，推动绩效增长。4N 绩效体系，从企业绩效管理的角度来说，既是一套系统的绩效管理解决方案，也是一套融合了实战、实效与落地的综合体系。

4N 绩效中的"4"代表的是绩效飞轮中的四大步骤，即目标—措施—评估—激励；"N"则代表企业中得每一个部门、每一位员工；"4N 绩效"表示企业以绩效飞轮为核心，推动全员绩效，让每个岗位成为利润发动机。

一、一个中心——抓增长

不管是企业经营者还是管理者，始终都应该明确的一个方向是，不论企业的绩效管理如何开展与实施，始终都应该以"绩效增长为中心"，推动企业实现经营利润，这也是 4N 绩效的核心所在。

二、三大根本——建系统，增利润

4N 绩效的三大根本，分别是利润、系统和潜能，而对应到企业的绩效管理中，则是提升企业利润、激发员工潜能和建立绩效系统，三大根本让企业牢牢抓住企业经营的核心，找准方向和战略。

三、四大步骤——绩效飞轮循环往复

4N 绩效的四大步骤，通过在企业中不断地运行，形成一个飞轮。从企业层面，是四大系统，即目标系统（制定明确的目标）、措施系统（措施与方法）、评估系统（检查与评估）、激励系统（激励与处罚）。从员工层面，这就是每个岗位做事与执行的方法论。不管是销售员工，还是生产工人，不管是一线部门，还是二线岗位，不管是每月、每周还是每日，这套执行方法论都能适用。

四、十四项法则——实效工具保障落地成果

十四项法则为 4N 绩效的落地实施提供给了一整套的思维、方法和工具，是确保企业 4N 绩效系统能够真正落地的关键所在。具体来说，十四项法则由 14 个不同的要素构成，每一个要素，都是企业在绩效管理过程中所不可或缺的工具和利器，企业可以根据当前绩效管理推行的实际情况，在不同的阶段调用不同的方法和工具，以推动企业绩效管理的真正落地。具体来说，十四项法则包括以下要素。

1. 战略目标：企业中长期规划和方向，对企业中所有工作的开展起到指引和统筹作用，其制订主要以企业决策层为主，需要结合企业愿景和使命。

2. 企业年度目标：企业短期规划和方向，对当年工作开展起指导作用，关系到企业年度工作开展和规划，制订以企业决策层与核心管理层为主，需要结合相应的绩效管理工具，同时与战略目标相结合并从企业全局思考目标的合理性与挑战性。

3. 部门年度目标：对企业年度目标的进一步分解，主要关系到企业年度目标的执行是否能够到位以及部门内部的资源分配与团队成员协作。

4. 岗位 KPI：是绩效管理中目标管理的关键一环，也是企业中员工之间厘清责权利的重要一环，关系到员工的具体工作指标与考核标准，是对部门年度目标的进一步细分，确保责任到人。

5. 三大思维：即正向思维、内向思维与成果思维，为 4N 绩效系统的导入

和落地实施奠定统一的思想基础和工作导向，确保在企业绩效管理过程中，不同部门、不同员工之间的协作、交流实现同频，减少不必要的隔阂，让员工具备自动自发、及时思考解决问题的习惯。

6. 时间圆饼图：能够有效协助管理人员根据员工日常工作开展，找出最适合员工的工作方法和规律，提升员工个人工作效率和团队效能。

7. 鱼骨图：针对企业绩效管理中目标达成，分析并找到解决问题的有效策略，制定实现目标的策略路径图。

8. 流程图：针对企业绩效管理中的员工关键工作流程进行标准化分析并固化流程，寻找并建立标杆，为标准化流程复制和人才培养奠定基础。

9. 绩效沟通：作为企业绩效管理实施进度和过程管控的重要方式，能够有效地协助管理者推进员工绩效达成以及获得及时的绩效反馈，针对员工绩效达成中遇到的问题、困难收集相应的情况，为制定改善措施提供参考依据，以辅导下属提升工作绩效。

10. 绩效会议：通过每日、每周、每月以及年度绩效会议，从员工具体工作目标达成到企业年度目标和战略阶段目标实现进行全方位立体化的评估、诊断与分析。

11. 表格：通过绩效表格文件，将相应的行动日志、绩效评估表等固化并形成企业绩效管理体系制度文档和表单追踪系统，为企业绩效管理调整和优化提供可参考和对照资料，持续优化系统建立前提条件。

12. 精神激励：在满足员工物质激励的同时，从更高需求维度满足员工，激活员工"自我激励"系统，让员工实现自驱。

13. 物质激励：作为员工激励中最为直接的激励方式，运用差异化奖励，确保激励及时到位，与精神激励、电网机制共同组成企业的激励体系。

14. 电网：运用合理、必要的负激励措施，促使员工将压力转化为动力，同时对企业高压线与红线进行明确界定，确保员工与企业的经营理念、核心文化、价值观等保持一致。

跨越绩效落地的五大障碍

在多年的企业绩效管理咨询、辅导及落地实践中，我们发现企业的绩效管理体系要想顺利运转起来，需要每个员工、每个部门围绕绩效飞轮四大步骤转动起来，成为企业利润的发动机，而想要整个公司的绩效飞轮真正转起来，推动企业利润增长战略落地，需要企业跨越绩效落地的五大障碍（如图8-1所示）。

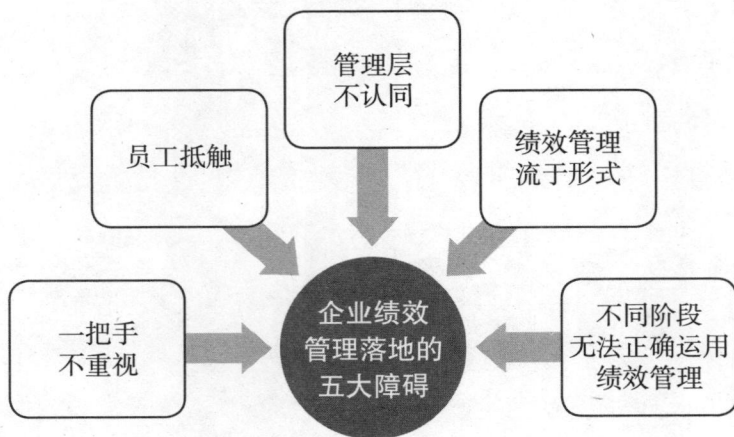

图8-1　企业绩效管理落地的五大障碍

障碍一：一把手不重视。

企业的绩效管理推行，最重要的是决心，没有这个决心就很难找出推动企业利润提升的关键点，推动团队提升他们的绩效能力，推动企业做出更大的发展规划，变革难，不在于变革本身，而在于企业一把手是否真正下定决心！

例如，在以往的企业绩效辅导中，我们就曾遇到这样一个挑战。

在为一家企业做绩效管理辅导的时候，公司经营副总直接反对绩效管理的推行。作为公司核心管理人员，这位经营副总的反对，也引起了公司一把手的不安。所以，一把手就来找到我们进行沟通，并提议我们去和这位经营副总做做思想工作。

当时，我们很明确地告诉这位一把手，问题的关键不在于经营副总是否支持与反对，而在于"你是不是坚定要做这个绩效管理项目"。

见我们如此直接和果断，其一把手也明确表示，既然公司花钱请我们来提供专业的辅导，肯定是下定决心要真正做好。

在明确确定之后，我们并没有第一时间去找到这位经营副总进行沟通，而是选定其中一个既年轻又有冲劲的团队作为标杆试点，通过将其业绩曲线和部门工资表上部门看板的形式，成功引起其他部门员工和管理者的关注，最终通过这些员工和管理者向这位经营副总主动提出推行绩效管理的请求，将绩效管理顺利在整个企业推行开来。

正如案例中这位一把手一样，绩效管理的成功落地与否，先决条件并不在于管理层的支持与否。因为，只有一把手亲自牵头，才能真正有效地推动企业绩效管理的推行，才能从企业经营的关键逻辑中，推动利润增长战略落地。

但值得注意的是，将企业绩效管理作为"一把手工程"，并不意味着一把手需要事必躬亲地参与每一个决策制定或者具体措施的实施。

相反，一把手应该从具体的事务中跳出来，真正从中高管的绩效管理思维、能力等方面着手进行提升，促使他们去推动部门绩效飞轮的有效运转，才能最终实现企业绩效飞轮的顺利运转，确保绩效体系的良好运行。

因为企业的绩效管理是一个动态的过程，只有中高管具备绩效管理的能力，才能以动态的思维匹配公司的持续发展，转动飞轮，推动公司绩效落地，推动企业经营利润增长；而对于基层员工来说，只要他能按照中高管推进绩效的要求执行到位就好。

因此，对于企业一把手来说，在企业绩效管理推行中，要重视自己牵头的作用，也要重视对中高管绩效能力的提升，让他们主动参与，推动绩效管理，企业的绩效管理才能真正落地。而具体概括来说，一是表决心，二是表态度。

其中，决心需要一把手将绩效的重要程度拉升到落地战略提升利润的层面，将推动绩效提升作为战略的关键工程。而态度则是分享的态度，即将利润增长的一部分拿出来，作为团队做激励，实现企业和员工之间的双赢。

障碍二：员工抵触。

在以往的企业绩效辅导过程中，也经常遇到相关负责人反应这样的问题：在绩效管理实施过程中，尽管管理层对绩效管理的导入和实施落地都达成一致，并且在思维和理念上都十分支持，但在面向员工宣贯的时候却发现，一提到绩效管理，所有员工都不由自主地担心，甚至出现大面积的抵触情绪。其中，最典型的情况，莫过于担心企业做绩效管理就是做考核，做考核就是扣钱！

面对这样的情况，需要管理者在绩效落地的技巧上多做一步：在绩效管理导入之前，事先通过动员大会，扭转员工以往对绩效管理的错误认识。

在具体做法上，首先，要明确告诉员工企业推行绩效管理的真正目的是实现双赢，即"企业利润增长、员工收入提升"，进而激发员工与我们一起，主动寻找企业利润增长点。

其次，对于管理者自身来说，在绩效落地的过程中，一定要按照"目标—措施—评估—激励"四大步骤去开展，而不是一上去就采用绩效考核的方式。

最后，对于企业来说，在企业绩效管理推行上，需要的则是对绩效管理落地实行按照绩效飞轮四大步骤，实行分阶段的执行策略。

障碍三：管理层不认同。

同样，不少企业也经常遇到这样的情况：当绩效管理推行后，并没有遭遇到员工的抵触，反而是个别高管反对。

其实，之所以发生这样的情况，关键就在于在绩效管理推行的过程中，管理层没有改变以往的管理习惯。这一行为的背后，一方面，是担心绩效管理要么可能没有效果，要么会影响现有的收入；另一方面，则是因为不愿意改变以往的管理习惯。所以，他们的不认同、抵触和反对是正常的。

但作为企业经营者和管理者，尽管我们都知道需要坚定地推行，但在具体的做法上，也需要有策略地去执行。

例如，在企业中，有人反对就有人支持，绩效管理的推行，并不是一定都需要从一开始就全面推行。尤其是面对员工或者管理层反对的时候，可以让那些有意愿实施的部门先做，并向其进行资源倾斜，并提供支持，助力其达成，以树立标杆，运用标杆的榜样作用，逐步带动其他员工参与和加入。

> **【4N 绩效：绩效的力量】**
>
> 在绩效落地的过程中，一定要按照"目标—措施—评估—激励"四大步骤去开展，而不是一上去就采用绩效考核的方式。

障碍四：绩效流于形式。

在这个问题上，主要表现为，不少企业尽管推行绩效管理多年，也一直花精力去推行和维护，但实施的效果总是不理想，企业的绩效管理也流于表面形式。这一现象的发生，通常由两个问题导致：一是企业采用打分的方式来做绩效管理，二是缺乏量化的关键指标（如图 8-2 所示）。

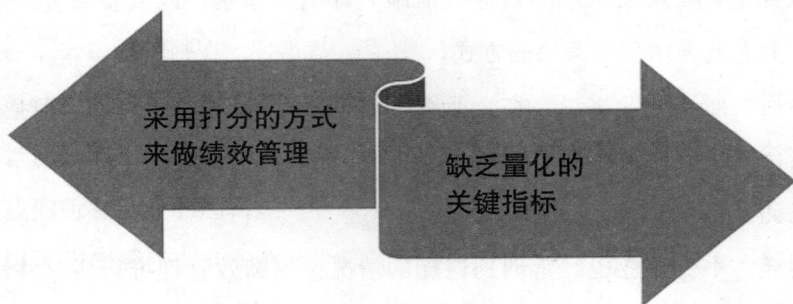

图 8-2　企业绩效管理流于形式的两大主要因素

如果采用前者，则经常会出现因为考核者与评估者因可能的人情世故或主观评价，导致绩效评估与企业经营实际脱节；而如果采用后者，则会因为找不到量化的关键指标，而导致指标过多、过少，绩效考核数据虚假或不能反映不同业务板块的经营实况。对此，企业经营者和管理者一定需要具备"抓关键，先管理再考核"的思维和意识。

其中，抓关键指的是抓住企业经营利润增长的关键，即关键部门、关键岗位、关键指标。这里需要注意的是，在量化指标的设定上，一定要注意指标的设定数量，通常来说，一个岗位的关键指标最好为 2~3 个，这样既不会因为指标过多导致管理者无暇开展管理工作，也不会因为指标过多导致员工抓不住工作重点和核心。

抓住了企业经营利润增长的关键，并不意味着企业经营者和管理者就可以放任员工开展工作，然后按部就班地进行绩效考核，对绩效成果的考核与评估固然重要，但其关注点只是针对绩效实施的结果。而真正有效的绩效管理，更注重在绩效实施过程中的管理，即对绩效达成过程的检查，以及对员工达成绩效目标的措施与方法的提供与支持。

障碍五：不同阶段如何正确运用绩效管理。

在以往进入企业进行绩效管理咨询和辅导的过程中，不少企业经营者和管理者，对企业是否适合开展绩效管理都存在这样一个认知：绩效管理通常都适合那些发展成熟的企业，体量比较小的企业则不太适合。同样，一些处于创业阶段的企业尽管已经实施了绩效管理，但由于投入与产出不成正比，也对自己企业是否适合做绩效管理提出疑问。

其实，不管企业处于哪一个发展阶段，都可以做绩效管理。但是，需要重视的是，企业在每个发展阶段的经营目标是不同的，因而，对绩效管理得应用，应将其视作实现阶段性目标的系统和方法。

基于企业的生命周期，企业需要厘清阶段性的战略目标，关键增长经营成果该要什么。

1. 创业期（初创期）

这个阶段公司要生存发展，注重引流，通过投入打开市场、建立渠道、争取客户。在这个阶段，企业的绩效管理重点并不是关注企业的经营利润，而是市场渠道和客户数量，保证企业的商业模式得以成功，未来有更大的增长和发展的潜能。这就好比大多数处于初创期的互联网公司不断"烧钱"的目的，根本原因是为了抢占市场先机，赢得海量用户。

2. 成长期

在这期间，企业进入到快速增长阶段，重点关注企业营收和利润，更重视企业业务的增长率。简单地说，要市场份额，也要抓增长速度，甚至会为此放弃一部分利润，这就要求我们要竞争对手以更快的速度发展才行，如果我们没有办法获得比竞争对手更快的速度，最终很可能面临失败。因而，这一阶段的绩效管理，不仅要追求利润，更要比行业竞争对手以更快的速度发展，才能在竞争中脱颖而出。

3. 成熟期

进入成熟期后，企业的增长开始进入放缓阶段。这一阶段的绩效管理，其重点在于成长期为了要市场份额，为了要快速增长，企业甚至会放弃一部分的利润，而追求市场的增长成果。但是一旦进入成熟期，企业就要关注我们的利润率水平，关注我们的成本控制，在维持利润的基础上实施成本控制的同时，坚持创新。

值得注意的是，当企业在进入成熟阶段的时候，就要开始培育发展自己的潜力业务增长业务潜力业务增长业务要为企业下一个三年左右的发展。

4. 衰退期

这一阶段，企业的发展进入下坡阶段，原有的产品体系和管理体系已经无法支持企业继续快速发展。在绩效管理上，除了延续成熟阶段的创新之外，企业在成熟期和衰退期都要关注的是企业的创新的核心内容，通过新产品、新技术、新项目、新领域的突破，还要关注企业战略的调整和优化，通过创新，将企业成功引入第二个生命周期。

通常来说，卓越的企业常常在现有的业务进入到停滞之前，就已经集聚了开始新业务的能力，培育了第二潜力业务的发展，企业的战略布局有三层业务链来进行规划：第一，核心业务，对企业来说，对它的业绩利润贡献最核心的主营业务叫作核心业务链；第二，核心业务梯队，通过对其培育，以帮助企业提前跨越生命周期发展曲线；第三，提前进行种子业务链，通过新项目拓荒培育，为未来的持续发展发展更多的潜力和可能的种子业务孵化，如果我们能够推动企业跨越 S 形曲线的时候，对于企业实现持续的增长，才会有一个长久的规划。

围绕这三层业务链来规划的时候，首先企业要检视我们目前的整个企业发展周期处于哪个阶段，不同的阶段企业该要什么？我们经营增长的关键点是不同的，我们锁定了企业该阶段的关键增长点之后，紧跟着要把它明确为企业的战略目标，三年左右的战略目标，聚焦阶段性的关键增长点传递给我们的每个员工，形成团队共同的事业追求。通过生命周期的梳理，找出我们的关键增长点后，我们把它具化为传递给员工的明确战略目标，即未来三年企业聚焦的核心行业是什么，我们聚焦发展的重点区域市场是什么。

所以，对于企业来说，并不需要一上来谈战略就要大，而是在我们的重点市场如何做强，把我们的核心区域、发展区域明确规划出来，让员工清晰地知道，同时在这三年当中，我们要打造的核心产品具有竞争力的优势产品是什么，会给我们企业带来最大的业绩利润经营的贡献，那么最后通过核心产品的打造，在我们聚焦发展的重点区域市场要取得什么样的领先地位。我们的地位不是简单地说要做第一，而是想明白在哪方面区隔竞争对手，体现我们的竞争优势。

当我们想明白我们在三年的和新战略目标是什么的时候，紧跟着每年的年度规划都要围绕我们的战略目标，锁定关键增长点来进行我们的经营规划。围绕我们的战略目标关注的是在我们的重点区域市场，打造我们有实效成果口碑的标杆客户，来推动我们业绩利润的持续增量。所以要引爆增长的层面，先要想明白我们的关键增长点在哪里，转化为我们清晰的战略目标传递给每一个员工，当高层基于生命周期作出关键增长的规划之后，通过绩效变革四步聚焦来让整个团队快速响应落地战略，推动公司的经营增长。

因此，对于企业经营者和管理者来说，应该看到的是，尽管很多企业都在做绩效管理，但是在不同阶段企业的绩效管理要怎么做，需要深思熟虑和周全计划，并且更要以动态的管理思维去看待整个绩效管理，因为在每个阶段，企业的经营目标和发展才略都在变化，相应的绩效方案也需要根据相应的动态做调整。

在以往的企业绩效项目辅导中，我们也经常根据其管理的不同阶段设定不同的绩效管理实施针对性措施和方法。

有一家企业，在其绩效体系搭建和落地过程中，我们就将其项目具体分为三个阶段。

第一年，抓关键指标。抓好关键指标，据此制定绩效推行具体策略出来。

第二年，通过对中高管的良好影响，更多的员工开始主动参与和加入进来，随着绩效意识和思维的深入，从经营的思维养成逐步到实现全员绩效。全员绩效推行之后，公司上下都在关注企业的经营和均衡发。

第三年，因为第二年的全员绩效实现，所以，源于其相应的数据支撑，从员工到各级主管等的绩效思维和经营思维都建立并成熟起来。我们进一步决定在原有的基础上，进一步开展小单元利润核算，也就相当于大家常说的阿米巴模式。

正如案例中，在不同阶段，我们采取不同的绩效策略一样。尽管，如果单纯地从绩效管理策略来看，在其绩效管理实施的第一年，我们同样可以采用阿米巴模式。但阿米巴模式的运用，一方面，需要企业内部数据核算共享，另一方面，需要其核心团队经营思维的成熟。

试想一下，如果在第一年就开始推行阿米巴模式，在整个大家相应的思维不够成熟的时候，往往会出现员工为了自己的小我利益而牺牲公司利益的情况。因而，对于企业经营者和管理者来说，如何运用绩效发展思维，从动态的角度，针对性地结合企业实际情况采用最适合的绩效管理策略，就尤为重要。

体系化经营下的迭代与发展

对于企业来说，绩效管理的推行与实施，是一个系统工程，不管是从员工、管理者到经营者对绩效管理的学习，还是企业对于绩效管理系统的导入和落地，都需要在体系化的经营之下，不断迭代与发展。

其中，对企业经营者和管理者来说，有两个问题，就不得不认真面对。

· 在企业不同规模阶段，到底应该让哪些人持续参与绩效课程的学习？

· 针对 4N 绩效不同版本的课程，企业应当如何确定当前最适合自己的项目？

在绩效学习方面，根据以往绝大多数参加绩效课程学习的企业实际情况来看，我们发现，通过来说，我们可以结合企业目前的规模和体量，进行初步的预判和安排。

通常来说，如果企业规模在 100 人以内，其在绩效课程的持续学习上，至少应该包括三个岗位：一是企业一把手；二是业务负责人（即业务生产或者销售核心业务负责人），因为他们所在的部门是公司收入和成本的关键部门，其部门绩效飞轮的运转与否对企业利润影响重大；三是企业内部的绩效后台运营负责人（可以是财务，也可以是人力资源）。

　　而如果企业规模在 100 人以上时，如果组织架构健全的话，则最好的方式是各部门经理及以上的中高管都要参与。因为当组织架构健全、分工明确时，部门之间的协同要求更高，往往一个部门的绩效飞运转与否也直接关系到其他部门的绩效飞轮转动。

人工智能时代企业绩效增长的新机遇

纵观当前时代的发展以及企业管理的发展，一方面，企业与员工之间的雇佣关系开始呈现出多元化形式；另一方面，在变与不变的大环境下，商业的本质、企业经营的本质没有变；同时，对于企业经营者来说，如何站在企业战略规划的角度，看待企业绩效管理；最后，人工智能时代，未来绩效发展将呈现怎样的趋势，又将何去何从。这些都是我们需要思考的问题。

多元化雇佣关系时代来临

互联网经济时代，企业所处的外部市场环境正以迅猛的速度在发生变化。企业面临的竞争格局越来越激烈，对于企业的创新、效率提出了更高的要求。面对外部市场的挑战，企业需要快速变革并做出战略调整。同时，我们也要面对企业内部的分工与协作的变化与发展，而体现在企业与员工之间的雇佣关系上，则表现为两点。

一、劳资关系：从雇佣管控到平台创业

从互联网时代、互联网＋时代到移动互联网时代，再到如今人工智能时代初现端倪，企业与员工间的关系势必也会在传统之上实现颠覆与创新。

当前，无论是国内还是国外，都在积极探索企业管理的新模式，典型的代表如海尔（创客模式）、万科（合伙人模式）、华为等知名企业。在这一轮探索中，传统企业管理中，企业与员工间的劳资关系，正逐渐转变为平台合作关系。

二、管理转型：从被动管理到自主管理

同样，在企业管理上，基于企业和员工关系的变化，企业内部的管理方式、机制和体系也在发生深刻变化。去复杂化成为企业关注的方向，如何通过机制实现员工自驱，也是企业不断探索和尝试的，主动参与的管理时代必将到来。

经营环境与商业本质的变与不变

当前，企业的经营既面临着挑战也蕴含着机遇，人工智能时代，企业的发展与更新迭代更是瞬息万变，企业经营者和管理者如何顺应时代趋势，把握机遇，就尤为重要。其中，作为企业经营者，需要明确的是，无论时代与企业经营环境如何变化，但企业经营的本质、商业的本质是不变。

一、企业内外部经营环境的变化

从宏观方面来看，整个中国生产制造行业已经发生了深刻的变化，并且，随着人工智能时代和物联网时代的到来，未来这一变化还将继续；而从全球化竞争的角度来看，中国企业将更多加入与国外一流企业的竞争中，因而在整个行业之间的竞争，已经由以往单纯的营收竞争转向管理机制与人才结构等软实力的竞争上；同时，技术的变革，也为未来企业的发展增添了诸多不确定性因素。

而从微观方面来看，一方面，企业内部的管理体系正在不断地经受着"新生代"员工的挑战，对企业管理体系提出了更多需求和展望；另一方面，从企业的组织架构、管理模式、团队协作等来看，如何针对内外部的变化，迅

速调整组织结构和管理模式，也成为管理者亟待解决的问题。

二、企业经营与商业本质的不变

相对于企业内外部经营环境的变化，企业经营者应该警醒的是，企业要实现永续经营，需要我们避免因为市场的快速变化而将企业经营的、管理的基本功，系统性给抛诸脑后。

究其根本，就在于无论未来时代将引领我们去向何处，但就企业经营而言，企业的发展规划、经营增长、管理重点等系统的逻辑是不变的，因为商业逻辑和本质并未发生变化。

三、从管理到战略，快速响应市场变化

因此，对于企业经营者和管理者来说，在未来企业的经营和发展中，其面临的挑战将会更加艰巨，因为要应对挑战，对组织的战略、绩效、协同能力、团队赋能能力等都有更高的要求，具体体现在以下几个方面。

• 绩效管理：更加注重动态过程的管理。例如，以往针对企业外部市场的经营绩效将从原来的"一年制定，半年修正"变得更加灵活，快速响应市场的变化。

• 企业核心中高管：更加注重综合能力提升，包括系统管理工具和方法赋能。例如，具备经营思维、成果导向能力，系统思考等。运用绩效的系统方法，提升团队能力应对外部变化，把绩效模式所涉及的方法转变为团队自身的作战能力。

• 企业经营核心：厘清企业经营逻辑，打通从企业战略到管理逻辑。

以绩效思维打通战略规划

对于企业家来说，当我们有了变革的意识或者决心，却发现团队还停留在过往的思维惯性、行为惯性中难以快速响应企业的变革要求时。通常可能的后果，就是企业的业绩利润遇到瓶颈难以增长，甚至快速下滑。

企业想发展就要有增长目标，而目标就是企业的经营绩效。企业基于市场变化要做出我们战略性的选择，把公司的战略目标转化为从公司到部门到关键岗位，上下贯穿的目标体系，让团队心往一处想。同时通过找出实现增长的经营策略，把公司的核心资源聚焦于经营增长的关键点上，加上激励配套，让团队的行为也聚焦到经营增长上，拧成一股绳。

而对于企业经营者来说，关键在于是否能够运用绩效思维打通战略规划，而在具体的操作上，可以分为七步。

战略规划第一步：战略发展环境展望。

企业的经营者和管理者要对未来 3~5 年的企业战略规划进行思考，首先就是要对整个行业、产业进行透视，看明白今天这个时代、行业、产业的变化情况。

不论是集团化的大企业，还是初创的小微公司，都要站在大局去看，就能把很多事情看明白，结合我们在 4N 绩效 20 多年的辅导经验来看，如果能够回答以下几个问题，就能够帮助企业梳理清楚头绪。

• 宏观环境就市场需求有没有巨大的变化？如果整体市场需求没有了，再深耕这块市场也是没有意义的。看到整体市场需求，宏观环境对我们这个行业、产业未来是带来增量？是带来结构性的变化？还是直线性的需求下降？这是相当关键的事。

• 周边的行业的竞争分析，包括扩需求方的力量，供应商的力量，还有竞争对手的力量，以及潜在进入的力量（波特五力模型）。

• 在主要的竞争市场内，企业和对手之间是一种什么样的形式的力量对比？

• 核心能力分析，综合了以上分析，企业当下最核心的能力在哪里，最缺失的能力又是哪一块？

通过以上梳理，最终要解决两个问题：一是找到企业的内在优势和劣势、外在的机遇和风险（可用 SWOT 分析法）；二是搞明白企业未来 3~5 年，要在哪个行业哪个细分领域，提供什么样的产品和服务，创造什么样的客户价值。

战略规划第二步：愿景与战略目标。

当我们对环境进行展望之后，还要坚定不移地去伸展使命、梦想和目标。

1. 使命、愿景、价值观延伸。

• 使命，解决"为什么"的问题：我们为什么要做这个企业？为什么有钱之后依然还要奋斗？

• 愿景，即"是什么"：未来 10 年、20 年、50 年，我们希望企业达到什么样的目标。

• 价值观，既"怎么做"：我们遵循什么样的做事方式来实现愿景，达成使命。

2. 目标的八大维度。

正如彼得·德鲁克的理论中，认为一家企业要思考八大方面的目标。

· 营销目标——解决定位的问题，企业在这个行业里处于什么样的地位？

· 创新目标——企业的产品服务和增值方面有哪些？

· 人力资源目标——为了实现创新，在管理层要进行哪一种相应的人力资源投入？

· 财务目标——达成营销目标所需要的财务资金投入是多少？

· 生产力目标——企业的人均劳效是多少？

· 设备价值目标——企业中设备的贡献价值是多少，如何提升？

· 利润目标——给到股东的回报是多少？

· 社会责任目标——环保、就业等社会性的贡献在哪里？

其中，最核心的是营销和创新。但从八个方面里都可以寻找企业未来的战略目标突破点。在 4N 绩效课程中，针对企业目标制定管理，具有代表性的是"三上三下，兵棋推演"，也就是回答企业的营销目标、创新目标，例如增长 30% 而不是 40%，这样的数字从何而来。

搞清楚了计算数据的逻辑，也就有了合理增长的底气。通过延伸定目标的思维空间，找到背后的逻辑和规律。一旦找到了，目标定 100% 增长都是合理的，反之，找不到这样的逻辑，定 10% 都是偏高的。

战略规划第三步：战略路径与举措。

接下来我们的战略举措和路径是什么？例如我们可以使用平衡记分卡来绘制企业的战略地图。它很好地解决了战略路径问题。平衡记分卡看似复杂，其实在使用上概括起来就是四个方面。

· 你要想实现什么样的财务目标？即你想实现多高的收益，创造多大的股东回报。接下来，为了实现你的财务目标，应该提供什么样的客户价值？

·你的企业是服务于哪类客户？向哪种客户提供客户价值？客户为什么愿意把钱掏给你？

·为了做好这种服务和客户价值创造，在内部要做哪些工作？比如生产什么样的产品，做哪类研发，搞哪些创新等，以及从哪个渠道进行销售，服务客户。

·为了做好这些服务，我们需要员工具备什么样的能力，要搭建怎样的信息管理系统来有效地帮助实现这些目标。

战略举措和路径，其实就是找到一套实现战略目标的重大的路径图。最终这个战略图可能会体现在一线经营单元上，比如销售怎么做？生产怎么做？采购怎么做？服务怎么做？研发怎么做？主要体现在这些一线部门，因为这一线部门是统兵打仗的，是实现我们战略的目标的人。

战略规划第四部：战略保障与资源。

企业战略资源的保障，主要是三个方面：人、财、物。对应到企业中传统意义上的二线部门就是：财务部、人力资源部、行政部。

古人说"兵马未动，粮草先行"，要想一线打好仗，二线就要提供好相应的战略的支持。因为在4N绩效系统以往导入和落地实施职中，我们发现管理者通常只关注一线的销售、生产、采购这一部分，而忽略了二线的财务、人力、行政这些战略支撑部门。我们可以把财务、人力、行政定位成企业战略发展的支援部队。

战略规划第五步：重大风险识别防范。

当我们清楚了环境，明确了目标，找到了方法，同时也匹配了资源之后，就需要特别强调重大风险识别方法。

例如，针对上一年有些企业定的目标未达成情况，许多管理者会说，因为没有考虑到很多潜在的点，突然这些全部爆发出来了；想象得很好，但是你的人能力不够；发现培训完后人才大量流失，诸如此类。

有一些属于不可控的因素，但我们要控制的是企业内在可控的重大风险点，那就要求所有制定相关目标与计划的各个部门负责人，既要考虑"进攻"，又要考虑"防守"，既要有如何做好的策略方法，也要有面对突发事件和不利因素的方案 B（Plan B）。

战略规划第六步：下年度目标计划。

年度目标计划需要具体细化，4N 绩效称之为"纵向到底，横向到边"，通俗来说就是把目标"颗粒度"变细。

现在很多企业目标计划颗粒度太粗，容易造成无法落地，无法执行。纵向到底、横向到边的意思是要到岗、到人，要到年、到月，甚至到天。

建议企业家可以把目标与计划的分解过程让员工参与讨论详细，而不是制定完了再通知员工。

战略规划第七步：财务预算及考核。

企业战略规划制定的最后一步，要求企业经营者和管理者站在全局的角度，从财务预算跟考核角度要去进行衡量管理和考核。

制造型企业的发展思考

结合以往 20 多年的绩效生涯与实践经验，以及对人性的洞察，透过企业绩效管理背后的本质与规律，我们大胆地对绩效管理未来的发展进行分析与预测，总结出未来绩效发展五大趋势，供广大企业借鉴、参考。

一、绩效从执行端走向战略端

绩效如何从执行衍生到战略？这需要我们把企业的管理层分成两个端：

战略绩效、运营绩效。

第一端战略端，体现在两个角色身上——企业 CEO 与副总裁。很多企业在做绩效时，通常停留在部门主管、岗位员工，忽视了战略绩效，即 CEO 和副总的绩效定位。很多企业把它并到了执行端，但是，我们认为这个方向需要改变，战略绩效定位实质是寻找下一座利润山头，这点需要引起重视。

如果我们企业的毛利润两年持续降低，利润率低于 10 个百分点以下，战略端出问题，不是执行端，为什么呢？因为企业的利润山头在持续缩减。因此，企业高管层每天睡觉前要问三个问题：

- 第一个问题：今天的利润率下滑了吗？
- 第二个问题：明天的山头在哪里？
- 第三个问题：当下我们马上要做什么？

企业的战略问题不是一年一次，不是一季度一次，而是每天都要思考的。战略的山头不止研究我们自己下一个增长点在哪里，还要研究我们的周边，上下游。战略绩效要落地，承接的责任人是谁呢？是我们的高管层，高管层需要价值重新定位。为此，企业绩效要落地，需要做到以下三点。

- 两条腿走路，一条腿当下，一条腿未来。
- 高管层绩效"1+1 模式"。第一个"1"是当下的运营，也就是他分担管理者 CEO 的职责，同时分管业务的绩效占 50%。第二个"1"，就是未来的战略一体，今天不思考未来我们就没有未来。
- 季度复盘，用集体评议的模式来进行战略推进评估，抢占下一座山头。

二、组织架构调整 "兵无常势、水无常形"

当企业的战略一旦调整，战略性绩效就体现在组织架构上。所以，第二个趋势我们将其定位叫 "兵无常势，水无常形"。新时代大家都在玩互联网，都在做什么？生态共同体，但也有一个问题，我们用传统的组织架构打新兴的战略市场，转不过身，架构太臃肿。因此，我们企业的架构可能不是一年不变，是一年几变。

今天的组织架构是一年一定要变，砍掉 30%。你的组织架构每年的变动率将会达到 10% 到 30%。为什么呢？很简单，你的二线一定要步入一线，你的一线一定要到达终端，于是，就有了：

- 客服，变成客服加销售；
- 生产，变成生产加销售；
- 采购，变成采购加销售；
- 人力资源，变成人力资源加销售。

未来，给我们一个什么趋势呢？组织架构以及人员调整双向增强。人员变动率也会重新设计。

未来的企业组织，有一个趋势叫奥运会模式，基于项目而来，结束之后解散，四年之后再基于项目而来，忙完之后再解散。这个模式对什么样的企业，或者对企业里面什么样的岗位特别适用呢？二线部门。二线部门未来一个绩效趋势，就是工作项目化，考核投入产出比。

三、流程重于岗位，自动化绩效时代来临

第三个趋势我们认为是流程绩效重于岗位，自动化绩效时代到来。今天在运营端，有一个很现实的问题，就是在企业推进绩效是以岗位、部门单位，

纵向架构推进,但在未来十年,将彻底被打破。所有的组织都是为客户服务活着。

因为客户不在意你涉及多少个部门,客户只会关心我下单的东西到了没有,价钱便宜了没有,效果好不好,等等,所以横向流程端的绩效会变成重中之重。

那么未来,也将是一个数据及时获取,信息无缝连接,绩效刷卡的时代。

对客户来说下单之后一键查询,随时能看到,对员工来说今天干的活今天刷卡拿钱,马上能看到,对企业来说今天干得怎么样,成本、效率、安全马上能看得到,此时解决了企业三个问题。

· 第一个问题:信息及时反馈,企业及时管理。
· 第二个问题:客户及时查询,及时响应。
· 第三个问题:员工工作及时拿到工资。

这就导致了中层大幅减少,企业被压扁,通过信息化指令传达,这就意味着刷卡时代的来临。

四、文化影响力正在赶超机制

时代在变,大众的心理需求也在变。原来我们是基层的生存需求,现在更多强调社会需求,自我尊重的需求和价值的实现,整个需求走向高端,多元。但每个人内心深处有一样东西千古未变,就是人性——生而平等,渴望伟大,追求成功。

人性对我们企业有什么意义呢? 基于人性,做机制 + 文化组合。如何实施?

强机制和强文化。强机制、强文化双管齐下,过多的利益引导可能会导向唯利是图，文化黏合度不足，凝聚力不够，极可能导致崩盘，机制背后必须强文化介入。

企业持续盈利，基业长青，必须在文化层面重新打通，重新凝聚。文化让企业走得更久，机制让企业走得更快。文化凝聚人心，机制驱动人性。文化和机制一定要打一对强强组合拳。

激活员工，打开"心脑手"，通过"三会"，感恩会、学习会、运动会运转打通文化，让文化和机制并驾齐驱，双向驱动。

五、混合打法组合拳，激励员工

未来绩效一定不是单点发力，从战略层面它是单点，但是从激励层面他是组合打法，我们叫混合打法激励员工。

我们辅导过一家企业，这家企业全国 124 家连锁门店，8000 个员工，如果每个人每个月 3000 元固定工资，一个月成本 2400 万元。一年乘以 12 个月 2.88 亿元。这 2.88 亿元的基本工资是固定成本，8000 名员工 3000 元的基本工资，这个工资在绝大多数企业也是沉默成本。

后来，这家企业因为 3000 元在上海招不到人，给每个人再加 500 元补贴，8000 元员工一个月增加 400 万元，乘以 12 个月，4800 万元。这个补贴式的薪酬，割肉式的模式，有效作用期不超过两个月，两个月之后全部打水漂。

但对手在增加，到底跟不跟？

你不跟进，招不来人；如果你跟进，这个钱又白花。所以基于这个模式我们提出组合打法，叫基本工资浮动制，绩效工资差异化，PK 机制常态化，股权激励绩效化。

绩效要回归到本源，回归到人性。人心的本源，就是每一个人都生而平等，渴望伟大，追求成功。做绩效的目的，是让每一个中国人都有出彩的机会，让每一个员工从内心深处焕发出激情！

练习思考

1. 结合本章第一小节内容，回顾一下，在 4N 绩效系统的"一个中心、三大根本、四大步骤、十四项法则"中，你的企业当前都运用了哪些，未来还会进行哪些改善？

_____

_____

2. 针对企业跨越绩效落地的五大障碍，你的企业当前面临的主要障碍是什么，结合本小节内容，可以从哪些方面进行改进？

_____

_____

3. 结合本章第一小节内容，你的企业当前适合采用 4N 绩效哪个版本的课程或项目，相应地，当前企业的情况中有哪些有利的因素？

_____

_____

4. 面对未来企业经营复杂多变的局势，作为企业的决策层，从企业绩效管理的层面，你会通过哪些措施来提升企业的应对能力，其中，4N 绩效体系能够在哪些方面为您助力？

_____

_____

附录

在 4N 绩效不同版本的绩效课程或项目的选择上，具体来说，可以分为以下几个方面。

第一，4N 绩效 1.0 课程。

对于大部分企业来说，可以从 4N 绩效 1.0 课程开始，其中典型的代表如 1.0 版本的精品课程绩效增长模式等。

第二，4N 绩效 2.0 项目。

针对那些中高管人数比较多的企业，特别是集团化公司（中高管人数在80 人以上），我们才建议做 4N 绩效 2.0 项目。这一项目的开展，项目导师会在项目开始之前，先进入企业调研并根据调研成果为企业定制课程，然后再进入企业，进行为期三天的内部集中培训，同时，根据实际情况，辅以六个月的追踪辅导。

第三，4N 绩效 3.0 辅导项目。

4N 绩效 3.0 辅导项目，由于其实施与企业经营增长的目标承诺直接挂钩，所以，在项目实施企业的选择上，目前只接受合作意向企业。首先与有合作的意向的企业先确认意向，然后再由导师进行企业调研，并确定企业当前是否存在经营绩效方面的问题，而最终是否合作，需要根据导师对企业导入 4N 绩效系统项目对企业经营增长的价值而定。同时，也要根据双方就项目进行沟通并达成共识，才会正式合作。

第四，4N 绩效 4.0 项目。

这一项目主要是针对那些已经合作过 4N 绩效 2.0 或 3.0 项目的企业，其特点是经过项目导师前期的辅导，已经帮助企业搭建好绩效系统。在这一阶段，主要是确保企业的绩效系统持续良好运行，尤其是一部分企业在导入绩效系统之后，由于业务的快速增长而面临新业务板块以及相应的新团队的引进，通过导师的持续护航，确保其绩效良性的运行，推动企业的持续增长。

让我们一起读书吧，智读汇邀您呈现精彩好笔记

—智读汇一起读书俱乐部读书笔记征稿启事—

亲爱的书友：

感谢您对智读汇及智读汇·名师书苑签约作者的支持和鼓励，很高兴与您在书海中相遇。我们倡导学以致用、知行合一，特别打造一起读书，推出互联网时代学习与成长群。通过从读书到微课分享到线下课程与入企辅导等全方位、立体化的尊贵服务，助您突破阅读、卓越成长！

书 好书是俊杰之士的心血，智读汇为您精选上品好书。

课 首创图书售后服务，关注公众号、加入读者社群即可收听／收看作者精彩微课还有线上读书活动，聆听作者与书友互动分享。

社群 圣贤曰："物以类聚，人以群分。"这是购买、阅读好书的书友专享社群，以书会友，无限可能。

在此，我们诚挚地向您发出邀请：请您将本书的读书笔记发给我们。

同时，如果您还有珍藏的好书，并为之记录读书心得与感悟；如果你在阅读的旅程中也有一份感动与收获；如果你也和我们一样，与书为友、与书为伴……欢迎您和我们一起，为更多书友呈现精彩的读书笔记。

笔记要求：经管、社科或人文类图书原创读书笔记，字数 2000 字以上。

一起读书进社群、读书笔记投稿微信：15921181308

读书笔记被"智读汇"公众号选用即回馈精美图书 1 本（包邮）。

——————— 智读汇系列精品图书诚征优质书稿 ———————

智读汇云学习生态出版中心是以"内容 +"为核心理念的教育图书出版和传播平台，与出版社及社会各界强强联手，整合一流的内容资源，多年来在业内享有良好的信誉和口碑。本出版中心是《培训》杂志理事单位，及众多培训机构、讲师平台、商会和行业协会图书出版支持单位。

向致力于为中国企业发展奉献智慧，提供培训与咨询的**培训师、咨询师，优秀的创业型企业、企业家和社会各界名流**诚征优质书稿和全媒体出版计划，同时承接讲师课程价值塑造及企业品牌形象的**视频微课、音像光盘、微电影、电视讲座、创业史纪录片、动画宣传**等。

出版咨询：13816981508，15921181308（兼微信）

— 智读汇书苑 086 —
关注回复 086 **试读本** 抢先看

● 更多精彩好课内容请登录 **智读汇网：www.zduhui.com**